상장회사의 기업 거버넌스
투자자 매뉴얼

상장회사의
기업 거버넌스
투자자 매뉴얼

CFA Institute 지음

CFA 한국협회 옮김

바른북스

CFA Institute는 국제재무분석사(Chartered Financial Analyst® (CFA)) 자격증을 부여하는 비영리 기관입니다. CFA Institute의 설립 목적은, 궁극적으로 사회에 도움이 되기 위해 최고 수준의 윤리, 교육, 그리고 탁월한 전문성을 제고함으로써 전 세계 투자업계를 이끌어가는 것입니다.

전 세계 165개국에 약 167,000여 명의 회원을 보유하고 있으며, 73개국에 CFA Institute를 대표하는 157개의 지역 협회가 있습니다.

CFA 한국협회(www.cfasociety.org/korea)는 CFA Institute의 한국 내 업무를 대표하는 지역협회로 2000년 2월 5일에 설립되었으며, 2019년 말 기준 약 1,100여 명의 회원이 있습니다.

CFA®, Chartered Financial Analyst®, AIMR-PPS® 및 GIPS®는 CFA Institute가 보유한 상표 중 일부입니다. CFA Institute 상표 목록과 CFA Institute 상표 이용 가이드를 보려면, 당사 웹사이트(www.cfainstitute.org)를 방문하시기 바랍니다.

서문

CFA한국협회에서는 국내 기업들의 거버넌스(Corporate Governance) 개선과 자본시장 발전 및 투자자 보호에 조금이나마 힘을 보태고자 거버넌스 개선을 위한 워킹그룹을 구성하여 다양한 활동과 노력을 경주해 오고 있습니다. 이러한 노력의 일환으로 CFA Institute에서 발간한《상장회사의 기업 거버넌스 투자자 매뉴얼The Corporate Governance of Listed Company, A Manual for Investors》을 한국어로 번역하여 출간하게 되었습니다.

기업 거버넌스는 내부통제 및 절차에 대한 체계로서, 기업 조직 내에서 경영진, 이사회, 지배 주주, 소액 주주 등의 권리, 역할, 책임을 정의하는 기반을 제공합니다. 거버넌스의 핵심은 한 기업이 내부자들과 외부 주주 및 이해관계자들 간의 이해관계 상충이 최소화되도록 관리하기 위해 필요한 견제, 균형, 및 인센티브 체계를 갖추는 데 있습니다. 이를 통해서 기업 내 한 그룹이 다른 그룹의 현금흐름 및 자산을 도용하는 행위를 방지하고, 조직의 장기적 지속성을 보장하는 구조를 제공하고자 하는 것입니다.

이러한 복합적인 의미의 '거버넌스'라는 용어를 국내에서는 주로 '지배구조'라고 번역하여 사용하고 있습니다. CFA한국협회에서는 많은 토론과 논의를 거

쳐 '거버넌스'로 번역하기로 하였습니다. 이렇게 사용하는 것이 '지배구조'라는 용어에서 오는 수직적 함의 또는 편협에 빠지지 않고 거버넌스 본연의 정의에 더 충실하고 의미를 이해하는데 도움이 될 것이라고 생각했기 때문입니다.

기업 거버넌스는 관련법(상법, 자본시장법, 공정거래법, 거래소 규정 등)을 포함하여 지배 주주, 소액 주주, 이사회, 경영진, 시민단체, 언론, 감독당국, 회계기준 및 관행 등이 함께 움직이는 생태계입니다. 시간이 흐르면서 발전적인 방향으로 나아가려면 생태계 일원인 다양한 이해관계자들의 적극적인 개선활동 및 참여가 필요합니다.

본 매뉴얼이 투자자들뿐만 아니라 더 나아가 기업 거버넌스 관련 관계자, 연구자, 정부관계자 모두에게 지침서가 되어 국내 기업들의 거버넌스가 더욱 바람직한 방향으로 발전하여 건전한 자본시장을 형성해 가는 데 도움이 되기를 희망합니다. 끝으로 이 매뉴얼의 번역과 출판을 위해서 헌신적인 도움을 주신 분들께 깊은 감사의 말씀을 드립니다.

도움 주신 분들

김봉기 CFA, 밸류파트너스자산운용㈜ 대표,
　　　　CFA한국협회 기업거버넌스개선 워킹그룹장
장항진 CFA, 한국채권투자자문㈜ 전무,
　　　　CFA한국협회 Advocacy Committee 위원장
이수준 CFA, 맥쿼리투자자산운용㈜ CIO
정승혜 CFA, 모닝스타코리아㈜ 이사
이권석 CFA, 한국채권투자자문㈜ 이사
안태욱 CFA, ㈜딥서치 이사
정상민 CFA, 페트라자산운용㈜ 팀장
이상아 CFA, 시몬느자산운용㈜ 전무
백지영 CPA, TRS투자자문㈜ 팀장
윤석모 CFA, 삼성증권 리서치 센터장

내용

개요

이는 CFA Institute *기업 거버넌스 매뉴얼*의 3판이며, 1판은 2005년에, 2판은 2009년에 출간된 바 있습니다. 그동안 기업 거버넌스 분야에서 많은 변화가 있었습니다. CFA Institute가 이 매뉴얼의 1판을 출간했던 2005년에는 투자 분석에 기업 거버넌스 분석을 포함하는 것은 많은 사람들에게 신선한 개념이었습니다. 이는 오늘날 대부분의 경우 투자 분석에서 널리 받아들여지고 있습니다. 기업 거버넌스 관련 서적이 CFA® 프로그램 커리큘럼에 포함된 것은 당사의 첫 *기업 거버넌스 매뉴얼*이 출간된 시기와 비슷합니다. 그 이후로, 경영대학원 커리큘럼에 기업 거버넌스 교육이 포함되는 경우와 기업 거버넌스 과정이 제공되는 경우가 모두 상당히 증가했습니다.

기업 거버넌스의 중요성에 대한 이해도가 증가했다고 해서 기업 거버넌스 관련 스캔들이 없어진 것은 아니었습니다. *기업 거버넌스 매뉴얼*을 처음 출간했을 때, Enron Corporation, Worldcom, Parmalat SpA 및 기타 기업들의 거버넌스 관련 사건은 우리 기억 속에 생생히 남아 있습니다. 이 매뉴얼의 2판은 Bear Stearns Companies Inc., Lehman Brothers Holdings Inc., Northern Rock 및 기타 기업들의 금융위기 및 거버넌스 관련 문제가 발생한 와중에 출간되었습니다. 더 최근에는 Volkswagen, Petrobras (Petróleo Brasileiro S.A.), 삼성 등의 거버넌스 문제가 불거졌는데, 이는 세간의 주목을 받은 기업 거버넌스 관련 사건 중 일부입니다. 기업 거버넌스 문제는 투자자가 투자 대상 회사에 대한 이해도를 제고하기 위해 이해 및 평가해야 할 난제로 남아 있게 될 것입니다.[1]

---

1) 기업 거버넌스 이슈와 관련하여 이 자료와 CFA Institute가 출간한 기타 자료를 참조하십시오: www. cfainstitute.org: 상장회사 고위경영진의 보상: 투자자 매뉴얼(The Compensation of Senior Executives at Listed Companies: A Manual for Investors)(Charlottesville, VA: CFA Institute, 2007년 12월), https://www.

기업 거버넌스 분야는 지속적으로 발전해 왔으며, 2009년 이 매뉴얼의 2판이 나온 이후에 많은 이슈가 부각되었는데, 이에 따라 CFA Institute는 투자자들을 위해 이러한 자료를 업데이트하게 되었습니다.

■ *스튜어드십 코드 채택.* 수많은 시장들은 거버넌스 개선을 투자자에게 알리고 투자자의 관여(Engagement)에 대한 모범 규준을 촉진시키기 위해 투자자 스튜어드십 코드를 채택했습니다.[2]

■ *관여도 증대.* 기관투자가와 일반투자자 사이에 기업 거버넌스 이슈와 관련한 관여도가 증대되었습니다.

■ *이사 후보자 추천권.* 투자자들이 이사 후보자 추천권을 요청하는 주주 제안서를 더 많이 제출하기 시작한 2015년, 미국에서 이사 후보자 추천권이 도입되었습니다. 이에 따라, 투자자들과 소통하는 많은 회사들이 해당 회사 주식의 3%를 3년간 보유한 투자자에 한해 이사 1~2명을 의결 안건에 추천하는 것을 허용하게 되었습니다.

---

cfainstitute.org/en/advocacy/policy-positions/compensation-of-senior-executives-at-listed-companies; 상장회사에서 환경, 사회, 기업 거버넌스 요인: 투자자 매뉴얼(Environmental, Social, and Governance Factors at Listed Companies: A Manual for Investors) (Charlottesville, VA: CFA Institute, 2008년 5월), https:// www.cfainstitute.org/en/advocacy/policy-positions/environmental-social-and-governance-factors-at-listed-companies; 각 시장에서의 주주 권리: 28개 시장 각각에 대한 보고서(Shareowner Rights across the Markets: Individual Reports for 28 Different Markets) (Charlottesville, VA: CFA Institute, 2013), https://www.arx.cfa/up/post/1129/1307-Shareowner-Rights-across-the-Markets-Individual-Reports-for-28-Different-Markets-Introduction.pdf.

2) 정부 규정에 따라 만들어진 기업 거버넌스 코드의 목록은 부록 A에, 스튜어드십 코드의 목록은 부록 B에 나와 있습니다.

■ *차등의결권 주식 도입 증가.* 회사가 1주-1의결권 기준(기업 거버넌스 분야에서 모범 관행으로 간주됨)에서 벗어나는 것을 허용하는 시장의 수가 증가했습니다. 프랑스, 홍콩, 싱가포르는 법령을 신설하거나 상장 기준을 변경하여 차등의결권 주식을 도입했으며, 미국에서는 점점 더 많은 기술회사들이 차등의결권 구조를 채택하고 있습니다. 하지만 지수제공업체들은 차등의결권을 도입한 회사가 일부 지수에 편입되는 것을 제한할 예정이라는 입장을 밝혔습니다.

■ *환경, 사회, 거버넌스(ESG) 통합.* 기업 거버넌스에서 시작된 개념이 더욱 확장되어 이제는 투자자들이 투자 대상 회사의 전반적인 스토리의 일환으로 고려해야 하는 비재무적 요인인 환경 및 사회 요인들도 포함하게 되었습니다. CFA Institute는 2015년에 투자에서의 환경, 사회, 거버넌스 이슈들: 투자전문가를 위한 길잡이(Environmental, Social, and Governance Issues in Investing: A Guide for Investment Professionals)를 발간했습니다. 이 매뉴얼에서는 ESG 문제를 심층적으로 다루지는 않겠지만, 이 주제에 대해 종종 언급할 것입니다.

■ *기업 거버넌스의 이해관계자 모델.* 수십 년 동안, 투자와 관련해서는 주주에 대한 이사회와 회사의 의무에 초점을 맞추는 주주 중심적 모델이 지배적이었습니다. 그러나 최근에는 이해관계자 모델(이사회와 경영진은 기업 관련 의사결정 과정에서 기타 이해관계자 및 사회 전반에 대한 의무를 반드시 고려해야 함)이 주주지상주의에 의문을 제기하기 시작했습니다. 이러한 변화로 인해 ESG 이슈에 대한 관심도 증가하게 되었는데, ESG 요인에 해당될 수 있는 수많은 장기적, 비재무적 이슈가 투자자의 관심을 받으면서, 이제는 기업이 이를 측정 및 관리하고 있습니다.

이 매뉴얼은 일련의 모범 관행을 제시하지는 않으며, 최고의 기업 거버넌스에 대한 입장을 투자자에게 밝히지도 않습니다. 그 대신 회사에 영향을 미치는 중요한 기업 거버넌스 이슈와 리스크를 투자자에게 알리고, 투자자가 투자 의사결정 과정에서 고려해야 할 요인을 강조하는 것이 이 매뉴얼의 목표입니다.

증권 발행기관들은 어떤 기업 거버넌스 이슈가 투자자에게 중요한지 판단하는 과정에서 이 매뉴얼을 유용한 참고 자료로 활용할 수 있습니다. CFA Institute는 이 매뉴얼을 통해 투자업계의 거버넌스 기준에 대한 인식이 증대되기를 기대합니다.

투자자 입장에서 기업 거버넌스의 중요성

가장 효율적이며 생산적인 기업 거버넌스를 위해서는 적극적이고 신중한 주주 관여가 필수입니다. 벤자민 그레이엄과 데이비드 도드는 이미 1930년대에 적극적 주주권 행사와 탄탄한 거버넌스 간의 직접적 상관관계를 인지하고, 다음과 같이 조언했습니다.

> *보통주 종목 선정은 일회성 행위이며, 종목을 소유하는 것은 지속적인 절차다. 주주가 되는 것만큼이나 주주로서의 지위를 유지하는 것에도 신중함과 판단력을 발휘해야 할 상당한 이유가 있다.*[3]

기업 거버넌스와 실적 간의 연관성은 다년간 잘 확립되어 왔습니다(관련 연구 중 일부에 대한 참조 열람 방법은 부록 C에 나와 있습니다).

선진국 시장 및 개발도상국 시장의 투자자는 역사적으로 기업 거버넌스 관련 리스크가 낮은 회사에 기업 거버넌스 프리미엄을 적용하고, 거버넌스가 좋지 않은 회사에는 기업 거버넌스 디스카운트를 적용해 왔습니다. 투자자들은 불투명하거나 제한적인 정보 공개, 자격 미달의 이사회, 제한적인 주주 권리, 부실한 임원 보상 관행, 그리고 기타 거버넌스 관련 위험 신호 등의 정책과 관행을 포착했으며, 이를 분석에 반영했습니다.

시장은 가장 의심스러운 기업 거버넌스 관행이 있는 회사들을 피함으로써 회사, 이해관계자, 투자자에게 더 나은 결과를 안겨 준다는 점을 많이 보여 줘 왔습니다. 따라서 기업 거버넌스는 투자자들이 무시할 수 없으며, 자신과 고객을 위해 가능한 최고의 성과를 내고자 할 때 고려해야 하는 요소입니다.

---

3) 벤자민 그레이엄, 데이비드 도드, 증권분석, 6판. (New York: McGraw Hill, 2009):540.

정의

이 매뉴얼에서 사용하는 용어는 아래와 같이 정의됩니다.

기업 거버넌스

기업 거버넌스는 내부통제 및 절차에 대한 시스템으로서, 이에 의거하여 각 회사가 관리됩니다. 이는 한 조직 내에서 다양한 그룹(한 조직의 경영진, 이사회, 지배 주주, 소액 또는 비지배 주주 포함)의 권리, 역할, 책임을 정의하는 기반을 제공합니다.

기업 거버넌스의 핵심은 한 회사가 내부자들과 외부 주주 및 이해관계자들 간의 이해관계 상충이 최소화되도록 관리하기 위해 필요로 하는 견제, 균형 및 인센티브 체계입니다. 기업 거버넌스의 목적은 한 그룹이 여러 다른 그룹들의 현금흐름 및 자산을 도용하는 행위를 방지하고, 조직의 장기적 지속성을 보장하는 구조를 제공하는 것입니다.

일반적으로, 양호한 기업 거버넌스 규준은 다음 사항을 충족하기 위해 노력합니다.

■ 이사회 구성원들은 주주의 이익이 극대화되도록 행동합니다. 양호한 기업 거버넌스는 점점 더 광범위한 이해관계자 그룹(예를 들어, 노조, 사회 전반)의 이해관계와 연계되는 추세이지만, 장기적으로 보면 주주와 이해관계자들의 이해관계는 상호 수렴합니다.

■ 회사는 모든 이해관계자 및 그 대리인들과 거래할 때 합법적이며 윤리적으로 행동합니다.

■ 모든 주주는 해당 회사의 기업 거버넌스에 참여하고 이사회 및 경영진으로부터 공정한 대우를 받을 권리를 가지며, 주주 및 기타 이해관계자들의 모든 권리는 명확하게 기술되고 소통됩니다.

■ 이사회 및 산하 위원회는 경영진 및 기타 영향력 있는 그룹으로부터 독립적으로 행동하고 기업의 이익을 극대화하는 방향으로 행동하도록 구성되었습니다.

■ 회사의 일상적 운영을 이끌어가는 경영진의 활동에 대한 적절한 통제 및 절차가 준비되어 있습니다.

■ 회사의 거버넌스 관련 활동과 운영 및 재무 활동은 공정하고, 정확하고, 적시적이고, 신뢰할 만하고, 적절하고, 완전하며, 검증 가능한 방식으로 주주, 시장 참여자, 이해관계자들에게 꾸준히 보고됩니다.

한 회사가 이러한 목표를 얼마나 잘 달성하는지 여부는 대부분 다음 요인에 따라 좌우됩니다. (1) 해당 회사의 기업 거버넌스 구조의 적절성 및 (2) 기업 거버넌스 사안과 관련하여 주주의결권을 통해 나타난 주주 의견의 영향력입니다. 이 매뉴얼은 회사들의 거버넌스 관행에 대한 평가 수단으로 위의 두 가지 분야에 집중합니다.

독립성

여러 국가의 기업 거버넌스 코드와 증권거래소의 규정은[4] 이사회 및 산하 위원회 구성원의 독립성을 판단할 때 고려할 요소를 규정하고 있습니다. 각 회사, 기업 거버넌스 법령, 시장에는 독립성에 대한 각자의 정의가 존재할 것이므로, 투자자들은 개별적으로 독립성 및 그 중요성을 정의할 수 있을 것입니다.

---

4) 각 국가 및 증권거래소의 거버넌스 코드 및 규정의 목록은 부록 A에 나와 있습니다.

투자자들은 독립성에 대한 현지 기준의 높고 낮음 및 특정 이사가 독립성에 대한 높은 기준을 충족할 수 있는지 여부를 파악해야 합니다. 일반적으로, 독립적인 구성원으로 간주되려면 이사회 구성원은 다음 주체와 주요 사업 또는 기타 관계가 없어야만 합니다.

- 해당 회사 또는 자회사, 또는 그룹의 구성원(과거 직원 및 임원, 가족구성원 포함)

- 해당 회사의 경영진에 상당한 영향력을 미칠 수 있는 개인, 그룹, 또는 기타 주체(지배 주주, 지배 가문 또는 정부 등)

- 가족구성원을 포함한, 고위경영진

- 회사의 자문(외부 감사 포함) 및 그 가족

- 해당 회사와 이사 겸직Cross-directorship 관계에 있는 모든 법인

이사회에 몸담은 기간: 일부 관할권의 경우, 이사회에서 다년간 재직한 이사는 더 이상 해당 회사 경영진으로부터 독립적이지 않은 것으로 간주됩니다. 주주는 특정 이사와 회사 간의 기타 관계가 해당 이사의 독립성을 어떻게 훼손할 수 있는지 이해할 필요가 있습니다. 주주는 이사가 다음 사항에 해당되는지 파악해야 합니다.

- 최근에 특정 회사와 중대한 사업 관계를 맺었거나

- 해당 회사에 대해 상당한 의결권을 가진 회사를 대표하고 있음

이사회 구성원

이 매뉴얼에서 '이사회 구성원'(일부 관할권에서는 '이사'라는 표현이 사용됨)이라는 용어는 이사회를 구성하는 모든 개인을 의미하며(아래 정의 참고), 이에는 상임 이사, 사외이사, 사내이사가 포함됩니다.

상임 이사

이 용어는 고위경영진에 속하는 구성원을 의미합니다. *단일* 이사회(또는 위원회 시스템)에서 상임 이사들은 이사회 구성원이 될 수 있습니다. 이원화된 이사회의 경우, 이러한 개인은 경영이사회에만 속하게 됩니다. 이러한 개인은 독립적이 아닌 것으로 간주됩니다.

사외이사

사외이사는 앞서 *독립성* 조항에 명시된 정의에 나열된 조건을 충족하는 개인입니다.

사내이사

이 범주에 속하는 개인은 대부분 주주의 이해관계와 상충하는 이해관계를 대변할 가능성이 있습니다. 이 범주에는 경영진에 대한 통제권이 있는 개인 또는 법인에 속한 이사, 다른 상장회사의 이사를 겸직하고 있는 이사, 또는 노동조합을 대표하는 이사 등이 해당됩니다.

주주는 '그림자이사_{Shadow Director}'에 해당될 수 있는 모든 개인, 정부기관, 또는 조직에 대해 파악하고 있어야 하는데, 이는 이사는 아니지만 경영진 및 이사회에 막대한 영향력을 미치는 주체로서 해당 회사의 지배 지분을 보유한 주체를 의미합니다. 이러한 개인들은 주주 또는 해당 회사와 취지가 다른 대주주, 국부펀드, 정부, 또는 기타 이해관계자일 수 있습니다.

이사회

이 매뉴얼에서 '이사회'라는 용어는, 이원화된 이사회 구조를 갖춘 국가에서 '감독' 유형의 이사회(또는 일본의 경우 '감사 이사회')를 의미합니다. 단일 이사회 제도를 시행하는 국가의 경우 이 용어는 이사회를 의미합니다. 대부분 관할권에서 기업 구조는 이러한 유형들 중 하나를 취하고 있지만, 프랑스와 일본 등의 일부 국가에서는 회사들이 위의 두 가지 구조 중에서 선택할 수 있습니다.

이원화된 이사회

유럽의 일부 지역에서(독일, 네덜란드, 오스트리아, 덴마크 등) 일반적인 이원화 이사회 구조는 경영이사회와 감독이사회의 두 가지 요소를 포함합니다.

경영이사회

경영이사회는 집행이사진으로만 구성됩니다. 이는 감독이사회와의 협의를 통해 회사를 일상적으로 운영하고 회사 전략을 수립하는 역할을 합니다. 경영이사회 구성원은 회사의 감독이사회에 참여하지 않습니다.

감독이사회

감독이사회는 회사의 경영이사회를 감독하고 조언하는 역할을 합니다.

기업 감사 시스템

일본의 경우, 이원화된 이사회 구조는 '기업 감사 시스템'이라 불리며, 대부분의 일본 대기업이 도입했습니다. 이 시스템에는, (1) 주주가 선출하고 업무상 의사결정을 담당하는 이사들, (2) 기업 감사로 구성된 이사회(최소한 상근 감사 한 명 포함)가 포함됩니다. 기업 감사 이사회 구성원 중 최소 절반은 반드시 외부 감사여야 합니다. 이러한 감사들은 주주가 별도로 선출하며, 이사회의 성과를 감사하는 역할을 합니다.

단일 이사회

단일 이사회 구조에서 이사회에는 상임, 비상임, 사외이사가 포함될 수 있습니다. 이사회는 경영진을 감시 및 자문하며, 기업 전략의 수립 과정에 관여합니다(하지만 다수의 관할권에서, 이사회는 인수, 합병, 사업 분할, 회사 매각 외의 기업 의사결정에는 관여하지 않습니다). 점점 더 많은 관할권들이 사외이사들이 이사회 의석의 최소 과반수를 구성하도록 요구하는 추세입니다.

위원회 시스템

위원회 시스템은 특정 업무를 이사회 산하 위원회에 위임하려는 목적으로 활용되는 경우가 가장 많습니다. 그 예로 감사, 추천, 보상 위원회를 들 수 있으며, 이 모두는 최소 세 명의 구성원이 필요합니다. 위원회 위원의 과반수는 반드시 사외이사 또는 비상임 이사여야 합니다. 위원회는 이사회에 비해 특정 사안을 더욱 상세히 파악할 것을 요구받지만, 의사결정 책임은 여전히 이사회에 있습니다.

회사

이 매뉴얼에서 '회사'라는 용어는 주주가 소유권자 지위에 있으며 투자자들이 투자를 고려 중인 법인조직을 의미합니다.

투자자

이 용어는 회사의 주식 및 기타 증권에 대한 투자 기회를 고려 중인 모든 개인 또는 기관을 의미합니다.

주주

'주주'라는 용어는 '투자자'라는 용어와는 달리, 해당 회사의 보통주를 소유하고 있는 개인, 기관 또는 법인을 의미합니다.[5]

---

5) 여기에 우선주 주주는 포함하지 않았는데, 이는 일반적으로 우선주 주주가 의결권이 없기 때문입니다. 이들은 보통주 주주에 비해 높은 배당금을 받을 권리를 얻는 경우가 많습니다.

기업 거버넌스 관련 고려사항 요약

이사회

투자자와 주주는 다음 사항을 파악해야 합니다:

■ 회사의 이사회에서 사외이사가 적어도 과반수를 차지하는지 여부를 파악합니다.

■ 현재 직면한, 그리고 미래에 직면하게 될 난제들과 관련하여 회사가 필요로 하는 자격을 이사회 구성원이 갖추고 있는지 파악합니다.

■ 이사회 및 산하 위원회가 경영진으로부터 승인을 받지 않고 독립적인 제3자 컨설턴트를 고용할 예산 권한이 있는지 파악합니다.

■ 모든 이사회 구성원이 매년 선출되는지, 아니면 해당 회사가 이사회 구성원 선출에 시차를 두는 절차를 채택했는지 파악합니다.

■ 회사가 경영진, 이사회 구성원, 또는 상품 및 서비스와 관련해서 회사를 대리하여 경영진이나 이사회 구성원과 관계가 있는 개인과 외부 사업 관계(이해관계자 거래)를 맺고 있는지 파악합니다.

■ 회사의 재무 보고서에 대한 감사 업무를 감독하기 위해, 이사회가 사외이사(회계 분야에서 최근 관련 경험을 보유한 이사들 포함)로 구성된 감사위원회를 설치했는지 여부를 파악합니다.

- 회사가 사외이사로 구성된 위원회를 통해 임원 보수 및 보상을 정하는지 파악합니다.

- 회사가 사외이사로 구성된 추천위원회를 통해 이사회 구성원을 추천하는지 파악합니다.

- 이사회 산하에 기업 거버넌스, 인수합병, 법적 사안, 리스크 관리, 환경 보건 및 안전 이슈 등의 특정 분야에서의 경영진의 활동을 감시할 의무가 있는 기타 위원회가 있는지 파악합니다.

- 이사회의 주주와의 의사소통, 주주의 이사회 대면 능력을 평가합니다.

- 이사회 구성원의 배경과 경험이 이사회에 도움이 될 정도로 다양한지 파악합니다

경영진

투자자와 주주는 다음 사항을 파악해야 합니다.

- 회사가 윤리강령을 채택했는지, 회사의 행위들이 적절한 윤리 체계를 위한 최선의 노력을 보여주고 있는지 여부를 파악합니다.

- 회사가 내부자(경영진 또는 이사회 구성원) 또는 그 가족구성원이 개인적 사유로 회사 자산을 이용하는 것을 허용하는지 파악합니다.

- 회사의 업무를 관리하는 핵심 임원에게 지급되는 보상과 보상이 제공되는 방

식을 분석하여 회사 임원에게 지급되는 보상이 (1) 임원의 임무 및 성과에 비례하는지, (2) 적절한 인센티브를 제공하는지, (3) 회사의 문화 및 전략에 맞는지 여부를 파악합니다.

■ 자사주매입 프로그램 및 주가안정화 조치의 규모, 목적, 자금 조달 수단, 기간에 대해 조사합니다.

■ 경영진과 주주 간 의사소통의 수준, 주주가 이사회와 대면할 수 있는 가능성을 평가합니다.

■ 경영진이 장기적인 전략적 계획을 투자자, 주주, 이해관계자와 적절히 소통했는지 여부를 파악합니다.

■ 경영진의 인센티브 구조가 회사의 이해관계와 일치하며 장기적인 전략 계획의 실행과 연계되어 있는지, 아니면 과도한 위험 감수를 조장하여 회사의 이해관계에 해가 될 수 있는지 판단합니다.

■ 주요 비재무적 핵심성과지표 및 환경, 사회, 거버넌스 관련 측면, 리스크 및 기회를 회사에서 어떻게 다루고 있는지를 경영진이 적절히 이해 및 소통하고 있는지 파악합니다.

■ 회사가 재무적, 비재무적 성과를 꾸준하고 투명한 방식으로 소통 및 공개하고 있는지 여부를 파악합니다.

주주의 권리

투자자와 주주는 다음 사항을 파악해야 합니다.

■ 회사의 소유구조를 조사하여 주식의 의결권을 그 경제적 가치와 분리하는 각기 다른 주식 클래스들이 있는지 파악합니다.

■ 주주가 주주총회에 직접 참석할 수 있는지 여부와 무관하게 예정된 주주총회 이전에 투표하는 것을 회사가 허용하는지 파악합니다.

■ 주주가 기밀 투표를 할 수 있는지 파악합니다.

■ 주주가 한 명 또는 제한된 수의 이사회 추천자에 대해 보유 주식에 할당된 집중 투표 표결권을 행사할 수 있는지('집중 투표') 여부를 파악합니다.

■ 주주가 기업 구조 및 정책의 변화를(이는 주주와 회사 간 관계를 변화시킬 수도 있음) 승인할 권한이 있는지 파악합니다.

■ 포이즌필(Poison Pill) 및 특정 합병계약의 채택 등과 같은 중요한 의사결정에 대해 이사회가 반드시 주주의 승인을 받아야 하는지, 단순 다수결 또는 초다수결이 필요한지 여부를 파악합니다.

■ 주주가 '다수결' 기준에 의거하여 이사를 선출하는 것이 허용되는지 파악합니다.

■ 주주가 경영진 보상과 관련하여 절대적인 또는 권고성의 '보상 관련 발언권'을 가지고 있는지 파악합니다.

■ 주주가 신주 발행 또는 전환증권 등의 지분 희석 수단을 방어하는 신주인수권을 가지고 있는지 파악합니다.

■ 주주가 이사 추천자를 이사회에 추천하거나 자신의 추천자를 대리 투표 용지에 포함하는 것이 허용되는지, 그리고 어떠한 상황에서 그렇게 할 수 있는지 파악합니다.

■ 주주가 회사의 연례 주주총회에서 고려될 수 있는 제안을 제출할 수 있는지, 그리고 어떠한 상황에서 그렇게 할 수 있는지 파악합니다.

■ 이사회 및 경영진이 주주가 승인한 제안을 반드시 실행해야 하는지 파악합니다.

■ 회사의 본사가 위치하고 있는 관할권의 기업 거버넌스 코드 및 기타 법규가 주주가 자신들의 소유권을 보호 및 집행하기 위해 법적 소송을 제기하거나 규제 조치를 요청하는 것을 허용하는지 파악합니다.

■ 기존의 또는 제안된 기업 인수 방어 메커니즘의 구조를 상세히 평가하고, 이것이 일반적인 시장 환경에서, 그리고 공개 매수 상황에서 주가에 영향을 미칠 수 있는지 분석합니다.

■ 다른 주주의 행동이 이사회 및 경영진의 행동에 대한 관심도와 동일한 관심도를 가지고 고려해야 하는 거버넌스 이슈임을 이해합니다.

이사회

　이사회 구성원은 회사 및 주주의 장기적 이해관계에 무엇이 궁극적으로 최선인지를 바탕으로 결정을 내릴 의무가 있습니다. 최근 수년간 이루어진 논의의 상당 부분은 이사회와 경영진이 한 회사의 단기적 운영과 지속 가능한 장기적인 전략 전망 간에 균형을 유지할 필요성에 집중해 왔습니다.[6] 보유 기간이 짧은 주주도 실제로 기업 거버넌스에 관심이 있을 수 있지만, 장기 주주(주식을 다년간 보유하는 주주)는 기업 거버넌스 요인들을 투자 분석에 반영할 가능성이 더 높습니다. 이는 거버넌스 측면이 장기적으로 회사 가치에 영향을 미치는 경우가 많기 때문입니다. 이사회는 기업의 전반적인 전략을 담당하며, 회사의 핵심적인 목표, 리스크 및 기회, 전략, 사업 모델, 실적, 지속 가능한 발전이 가치 창출 과정의 일부라는 점을 고려해야 합니다. 또한 수많은 주주는 이사회가 회사로 하여금 책임 있는 기업시민의식을 고취하도록 하는지 여부에도 관심이 있습니다. 이사회 구성원은 회사와 주주의 이익을 극대화하는 방향으로 행동하기 위해 독립성, 경험, 자원, 회사의 재무 및 운영 상황에 대한 정확한 정보라는 네 가지 요소를 겸비해야 합니다.

　1. *독립성.* 경영진 및 기타 특수 이익단체의 영향을 받지 않고 행동할 수 있는 자율성을 갖춘 사외이사가 이사회에서 적어도 과반수를 차지해야 합니다. 이사회 구성원은 단순히 경영진을 따라 투표하기보다 회사, 주주, 이해관계자에게 이익이 되는 결정을 내리는 과정에서 편견 없는 접근방식을 취하기 위해 최선을 다해야 합니다.

---

6) Dean Krehmeyer, Matt Orsagh, Kurt Schacht, *단기 사이클에서 벗어나기(Breaking the Short-Term Cycle) (Charlottesville, VA: CFA Institute, 2006년 7월)* 참조. https://www.cfainstitute.org/en/advocacy/policy-positions/breaking-the-short-term-cycle.

2. 경험. 회사의 사업과 관련성이 있는 적절한 경험, 기술, 전문성을 갖춘 이사회 구성원은 무엇이 회사와 주주의 이익 극대화에 도움이 되는지 평가할 역량이 있습니다. 사업의 본질에 따라, 적어도 일부 이사들의 특별한 전문성이 요구될 수도 있습니다.

3. 자원. 이사회의 독립적인 업무 수행을 뒷받침하기 위해 내부 메커니즘이 필요합니다. 그러한 메커니즘에는 경영진의 개입 또는 승인 없이 외부 감사 및 기타 외부 컨설턴트를 고용할 수 있는 권한도 포함됩니다. 이러한 메커니즘만 있어도 이사회는 전문적인 분야에서 전문가의 지원을 받을 수 있으며, 경영진과의 갈등 가능성이 있는 분야를 우회할 수 있고, 무엇보다도 이사회의 독립적인 감독 기능의 완전성을 유지할 수 있습니다.

4. 정확한 정보. 이사회 구성원은 장기적 이익이 극대화되는 방향으로 회사를 이끌어 나가기 위해서 회사의 재무 상황 및 그 기반인 가치 창출 요소에 대해 완전하고 정확한 정보에 접근할 수 있어야만 합니다.

이러한 모든 사항과 투자자가 이를 평가할 수 있는 방식에 대해서는 다음의 각 조항에서 더욱 상세하게 서술했습니다.

이사회 독립성

투자자는 회사의 이사회 구성원 중 과반수가 사외이사로 구성되어 있는지 파악해야 합니다.

독립성이란 무엇인가?

이사회 구성원의 독립성이란, 이들이 편향되어 있거나 또는 회사 경영진, 경영진을 통제하고 있는 다른 그룹, 또는 주주에 의해 통제되지 않는 정도를 의미합니다. 특정 이사가 이러한 정의를 충족하고 있는지 여부를 판단할 때 고려할 사항은 '정의' 조항에 서술되어 있습니다.

투자자에게 시사하는 점

대부분 독립적이지는 않은 이사회, 또는 완전히 독립적이지는 않은 위원회는, 독립적인 개인에 비해 경영진, 경영진에 대한 영향력이 있는 주체, 또는 특정 주주 그룹의 이익을 위해 부당하거나 부적절한 결정을 내릴 가능성이 더 높을 수 있습니다. 이러한 결정은 회사의 장기적 이익에 해가 될 수도 있습니다.

고려할 사항

투자자는 다음 사항을 파악해야 합니다.

- 이사회에서 사외이사가 적어도 과반수를 차지하는지 여부를 파악해야 합니다. 이렇게 구성된 이사회는 이사회의 업무에 대한 경영진 및 주주의 부당한 영향

력을 제한할 가능성이 더 높습니다.

■ 사외이사들이 경영진 또는 집행 임원이 없는 자리에서 정기적으로(매년 최소 1회 이상) 회의를 진행하는지, 활동을 주주에게 규칙적으로 보고하는지 여부를 파악해야 합니다. 이러한 회의를 통해 이사회 구성원은 회사가 직면한 이슈를 집행 임원의 영향을 받지 않고 논의할 수 있습니다.

■ 이사회 의장이 최고경영자 직위도 겸하는지 파악해야 합니다. 이러한 두 직책을 겸직하는 것은, 집행 임원들에게 부당한 영향을 미치며 또한 이사회 구성원이 독립적 판단을 할 역량 및 의지에 해가 될 수도 있습니다. 몇몇 국가의 기업 거버넌스 코드는 이러한 두 직책의 분리를 요합니다. 다수의 관할권은 이사회 의장과 최고경영자 직책의 분리가 모범 규준이라고 간주하는데, 이는 이사회의 안건이 최고경영자의 영향권에서 벗어난 독립적인 목소리에 따라 정해지기 때문입니다.

■ 이사회 의장이 독립적이지 않은 경우에 사외이사들이 선임이사를 정하는지 파악해야 합니다. 일부 회사들은 이사회 의장-최고경영자 겸직 형태를 유지했지만, '선임 사외이사'를 타협책으로 도입했습니다. 그러한 경우 주주는 선임 이사가 이사회 안건을 정하거나 그에 영향을 미칠 수 있는지, 진정 독립적인 주주의 대변인인지 판단해야만 합니다.

■ 이사회 의장이 회사의 전임 최고경영자인지 파악해야 합니다. 이러한 구조는 경영진의 부당한 영향력에 좌우되지 않으면서 회사의 이익 극대화를 위해 행동할 수 있는 이사회의 역량에 해가 될 수 있습니다. 이러한 상황에서는 이사회 의장이 최고경영자 시절의 실수를 되돌리기 위한 노력을 저지할 수 있는 리스크도 증가합니다.

■ 이사회 구성원이 회사 공급업체 또는 고객과 이해관계가 일치하는지, 또는 회사의 스톡옵션 또는 퇴직연금의 관리자 또는 자문가와 이해관계가 일치하는지 파악해야 합니다. 일부 경우에는, 수많은 공급업체, 고객, 자문을 두고 있는 회사는 이사회가 합리적 결정을 내리는 데 필요한 전문성을 갖추도록 하기 위해, 상기 주체와 이해관계가 일치하는 개인들을 이사회에 추천할 필요가 있을 수 있습니다. 그러한 경우에 투자자는 추천된 이사가 이해상충 가능성이 있는 이슈를 의무적으로 기피해야 하는지 여부를 정해야 합니다.

이사회 및 산하 위원회의 독립성에 대한 정보를 찾을 수 있는 곳

대부분 관할권에서, 회사는 기존 이사회 구성원의 이름, 자격, 소속 회사를 연차보고서 또는 주주에게 보내는 연간 의결권위임요청서(Proxy Statements)에 공개합니다. 회사는 전년에 이사회 및 산하 위원회가 직면했던 이슈에 대한 논의를 위해 연차보고서에 특별 조항을 할당하는 경우도 많습니다. 또한 수많은 상장회사의 웹사이트는 이사회 구성원의 독립성에 대한 정보를 제공하고 있습니다.

일부 전문 리서치기관은 전적으로 기업 거버넌스 이슈에만 집중하며, 이사의 독립성 및 주주 권리 등과 같은 정보의 훌륭한 출처입니다.

이사회 구성원의 자격

투자자는 이사회 구성원이 회사가 난제에 대응하는 데 도움을 주기 위해 필요한 자격을 갖추고 있는지 판단해야 합니다.

투자자에게 시사하는 점

투자자는 회사의 특정 상황, 사업, 경쟁 환경 등을 고려하여 이사회의 각 구성원이 경영진에게 조언하기 위해 필요한 지식, 기술, 경험을 갖추고 있는지 평가해야 합니다. 회사의 활동에 대한 의미 있는 검토를 할 기술, 지식, 또는 전문성을 갖추지 못한 이사회 구성원은 의사결정을 할 때 경영진을 따를 가능성이 더 높습니다. 경영진에 이렇게 의존하는 것은, 회사 및 주주의 이해관계를 고려해야 할 이사회 구성원의 의무에 대한 위협 요인입니다. 더군다나, 회사의 사업에 영향을 미치는 이슈에 대한 심층적 평가를 할 역량이 없는 이사가 있는 경우, 회사의 전반적인 실적을 위협할 수도 있습니다. 성별, 교육 배경, 전문성 측면에서 이사회 구성원의 다양성 또한 이사회실에서의 건설적인 토론에 도움이 될 수 있습니다('추천위원회' 조항 참조).

이사회는 회사 전략을 이끌 책임이 있으며, 회사의 핵심적인 목표, 리스크 및 기회, 전략, 사업 모델, 실적, 지속 가능한 발전이 가치 창출 과정의 일부라는 점을 고려해야 합니다.

고려할 사항

이사회 구성원의 자격을 분석할 때 투자자가 고려해야 할 사항은, 이사회 구성원이 다음과 같은 역량을 갖추었는지 여부입니다.[7]

- 재무, 회계, 전략, 사업, 법률 측면에서 회사의 미래와 관련하여, 충분한 정보에 근거하고 독립적인 결정을 내릴 역량이 있는지 여부

- 다음 사항에 대한 전문성 또는 이해도를 바탕으로 신중하게 경쟁력을 갖추고 행동할 수 있는지 여부
  - 회사가 사업 활동을 통해 제공하는 주요 기술, 제품, 또는 서비스
  - 재무 운영
  - 법적 사안
  - 회계
  - 감사
  - 전략적 기획
  - 기업운영 과정에서 회사가 부담하는 리스크(재무 리스크, 운영 리스크, 평판 리스크)

- 자신의 윤리적 관점을 공개된 성명서로 표현했는지 여부

- 다른 이사회(특히 기업 거버넌스 관행이 양호하다고 알려진 회사)에 속했던 경험이 있는지 여부

- 이사회 및 위원회 회의에 정기적으로 참석하는지 여부

---

7) 고려할 사항은 기업금융이라는 제목의 CFA® 프로그램에 대한 CFA Institute의 교과서에서 발췌한 것입니다.

- 회사의 요구사항을 위해 최선을 다하는지 여부(예를 들어, 이사회 구성원이라는 지위와 이해상충을 유발할 수도 있는 상황 또는 사업을 회피함으로써)

- 회사의 중기, 장기 전략적 목표와 일맥상통하는 특정 분야들에 대한 배경지식, 전문성, 기술, 지식을 갖추고 있는지 여부

투자자는 이사회 구성원이 다음 사항에 해당하는지 주의해야 합니다.

- 다른 회사나 조직(공무원, 공공기관, 또는 공직 지위) 이사회 또는 경영진의 일원으로 일한 결과로 법적 또는 규제 관련 문제에 직면한 적이 있는지 여부

- 지나치거나 불합리하게 많은 수의 타 회사 이사회에 소속되어 있는지 여부(이는 각 이사회의 효율적인 업무 수행에 필요한 시간을 제약함)[8]

- 이사회에 10년 넘게 재직했는지 여부. 이러한 장기적 참여는 회사에 대한 해당 이사의 지식을 제고해 줄 수 있지만, 해당 이사는 경영진과 협업 관계를 구축하게 될 수 있으며, 이는 독립적으로 행동한다는 이사의 의지에 해가 될 수도 있습니다.

또한 투자자는 다음 사항도 고려해야 합니다.

- 이사회 및 산하 위원회가 동료평가 또는 자체평가를 했는지 여부 및 이러한 평가와 관련된 정보(입수 가능한 경우). 이러한 검토를 통해 투자자는 이사회가 회사가 직면한 경쟁 및 재무적 난제에 대처할 경쟁력과 독립성을 갖추고 있는지 판단할 수 있게 됩니다.

---

8) 일부 기업 거버넌스 코드는 개인이 참여할 수 있는 회사 이사회의 수를 제한합니다.

- 이사회가 특정 위원회에 속한 이사들이 의무를 적절히 담당할 수 있도록, 이들에 대한 지속적인 훈련 또는 교육을 요구하는지 여부. 예를 들면, 대형 금융기관 감사위원회를 대상으로 기업 리스크 관리 또는 파생상품 가치 산정 교육을 하는 것 등입니다.

- 이사회가 성과 자체평가를 하는지, 아니면 그러한 평가 수행을 위해 독립적인 제3자를 고용할 권한이 있는지 여부

- 회계연도 중에 진행하는 회의의 수가 적절한지 여부

- 전략을 수립하는 과정에서 이사회가 주요 ESG 이슈를 다루는지 여부

- 이사회가 구성원의 다양성을 유지하는지 여부

- 임기 만료 전에 사임하는 이사가 그 이유를 주주에게 적시에 설명하는지 여부

- 이사회 회의가 적절한 정족수를 충족하고 진행되는지 여부

- 이사회가 회사의 '기업시민의식' 책무에 대한 정책을 갖추고 있는지 여부

- 이사회가 조직의 이익 극대화를 위해 주요 이해관계자들의 요구, 이해관계, 기대치를 균형적으로 반영하는 '포용적 이해관계자' 접근방식을 취해 왔는지 여부

- 이사회가 회사의 기술 자원의 평가 과정에 관여하는지 여부(사이버 공격에 대비한 안전조치 포함)

이사회 구성원의 자격에 대한 정보를 찾을 수 있는 곳

수많은 상장회사가 이사회 구성원의 이름 및 자격을 웹사이트에 게시합니다. 이 것이 관행이 아닌 지역의 경우, 일반적으로 회사는 이사회 구성원에 대한 정보를 연차보고서와 해당되는 경우 연간 의결권위임요청서에서 제공합니다.

다수 국가에서, 회사들은 이사회 및 산하 위원회가 진행한 회의의 수 및 각 이사 의 참석 횟수를 연차보고서, 웹사이트, 또는 해당되는 경우 연간 기업 거버넌스 보 고서에 공개합니다.

일부 기업 거버넌스 코드는 상장회사로 하여금 조항을 준수하지 못했는지 여부 와 준수하지 못한 이유를 연차보고서에 공개할 것을 요구합니다.

외부 컨설턴트를 고용할 권한

투자자는 이사회 및 산하 위원회가 경영진의 승인을 받지 않고 독립적인 제3자 컨설턴트를 고용할 예산 권한이 있는지 판단해야 합니다.

투자자에게 시사하는 점

외부 컨설턴트를 고용할 권한은 주주 가치에 영향을 미칠 수 있는 기술적 사안의 결정 과정에서 전문적 자문을 받을 수 있게 합니다.

일반적으로 사외이사는 이사회 책무에 투입할 시간이 많지 않습니다. 따라서 이사는 회사의 경영 및 감독과 관련된 대량의 정보를 수집 및 분석하는 과정에서 지원을 필요로 합니다.

이사회 및 산하 위원회는 보상, 인수합병 제안, 법적/규제/재무 사안, 평판 관련 우려사항 등의 다양한 기업 이슈 및 리스크를 고려하는 과정에서 전문적, 독립적 자문을 필요로 하는 경우가 많습니다. 경영진의 승인을 먼저 구할 필요 없이 외부 컨설턴트를 고용할 수 있는 권한에 힘입어, 이사회는 경영진의 이해관계의 영향을 받지 않는 조언을 받을 독립적 수단을 보유하게 됩니다. 하지만, 컨설턴트의 조언에 따라 내린 결정에 대한 궁극적인 책임은 이사회에 있습니다.

고려할 사항

무엇보다도, 투자자는 다음 사항을 파악해야 합니다.

- 과거의 관련 기간에 이사회가 인수, 합병, 사업 분할, 또는 리스크 관리 이슈를 고려하는 과정에서 외부의 재무 컨설턴트를 고용했는지 여부

- 추천위원회가 경영진 또는 이사회의 적격 후보들을 영입하기 위해 외부 자문을 활용했는지 여부

- 보상 위원회가 핵심 임원의 적정 보상을 결정하는 과정에서 외부 자문을 고용했는지 여부

외부 컨설턴트를 고용할 수 있는 이사회의 권한에 대한 정보를 찾을 수 있는 곳

외부 컨설턴트를 고용할 수 있는 이사회의 권한에 대한 정보를 찾을 가능성이 가장 높은 자료 세 가지는, 회사 연차보고서의 기업 거버넌스 조항, 주주에게 보낸 연간 기업 거버넌스 보고서, 회사의 웹사이트의 기업 거버넌스 조항입니다.

이러한 유형의 정보를 찾을 수 있는 기타 자료는 회사의 정관 또는 부칙, 국가별 기업 거버넌스 코드, 증권거래소의 기업 거버넌스 요건, 제3자의 기업 거버넌스 보고서 등입니다.

이해관계자 거래

투자자는 회사가 경영진이나 이사회 구성원, 또는 경영진이나 이사회 구성원과 관계가 있는 개인들과 상품과 서비스를 위한 외부 비즈니스 관계(이해관계자 거래)를 맺고 있는지 여부를 조사해야 합니다.

이해관계자 거래에 대한 회사의 정책을 검토해야 하는 이유

이사회 구성원과도 관련이 있기 때문에, 이해관계자 거래에 대한 정책은 이사회 구성원이 다음과 같은 행동을 하는 것을 저지함으로써 이사회 구성원의 독립성을 보장하려 합니다.

- 회사를 대리하여 실행한 작업에 대해 컨설팅 수수료를 받는 행위

- 인수, 합병, 또는 기업매각 파트너를 회사에 소개한 것에 대한 수수료를 받는 행위

- 기타 다른 이해관계자로부터 수수료를 받는 행위(이해관계자 거래를 통해 소수 주주의 이익을 지배 주주의 이익으로 터널링하는 행위 등)

투자자에게 시사하는 점

이사회 구성원이 독립적인 결정을 내려야 하는 사안에 대해 회사로부터 개인적 이익을 취하는 행위는, 그러한 이익이 이사회 구성원의 역할에서 벗어나는 것이라

면 근본적인 이해상충 문제가 발생합니다. 그러한 거래에 대한 제한은(예를 들어 회사의 윤리강령, 또는 이해관계자 거래에 대한 정책을 통해) 경영진이 회사의 자원을 활용하여 이사회 구성원을 회사 이익 극대화에 반하는 방향으로 유도할 가능성을 줄여줍니다.

고려할 사항

이해관계자 거래와 관련하여 특정 회사의 정책을 검토할 때, 투자자는 다음 사항을 파악해야 합니다.

- 회사가 이해관계자 거래의 검토 및 승인에 대한 정책을 갖추고 있는지 여부. 회사가 그러한 정책을 갖춘 경우, 이해관계가 있는 이사(해당 거래에 재무적 이해관계가 있는 이사)도 그러한 거래를 승인하는 것이 허용되는지 여부를 고려해야 합니다.

- 회사의 윤리강령 또는 이사회의 정책 및 절차가, 내부자(이사회 구성원 및 이와 관련된 사람들)이 이사회 구성원이라는 직책의 범위를 벗어나는 컨설팅 또는 기타 서비스와 관련하여 회사로부터 보상 또는 현물 혜택을 받을 수 있는 상황을 제한하고 있는지 여부. 이러한 조항의 의도에는 이사회 구성원의 독립성을 해할 수 있는 행위를 저지하려는 것뿐만 아니라 회사 및 주주에게 최고의 가치를 제공하지 않을 수도 있는 계약을 회사가 체결하는 것을 저지하려는 의도도 포함됩니다.

- 회사가 기존의 이사회 구성원 또는 이사 추천자와의 중대한 이해관계자 거래 또는 상업적 관계를 공개했는지 여부(이 이슈에 대한 논의는 '이사회 독립성' 조항에서 확인할 수 있습니다)

- 이사회 구성원 또는 임원이 부동산 또는 장비를 회사에 대여, 임대, 또는 다른 방식으로 제공했는지 여부

- 인수 또는 기타 중요한 회사 거래에서의 이사회 구성원의 역할에 대해 회사가 해당 이사에게 수수료를 지급했는지 여부

- 회사가 현물 혜택 또는 특혜(예를 들어, 회사의 시설 또는 자원의 개인적 이용, 또는 개인 자선단체에 대한 회사의 기부)를 이사회 구성원에게 제공했는지 여부

이해관계자 거래에 대한 정보를 찾을 수 있는 곳

여러 국가의 회사 연차보고서에는 내부자 거래 및 이사회 구성원과 지배 주주들에게 지급되는 수수료에 대한 논의가 포함되어 있으며, 이는 '이해관계자 거래'라는 제목 아래에 나와 있는 경우가 많습니다.

미국과 캐나다의 경우, 상장회사는 내부자들과의 거래에 대한 정보를 연간 의결권위임요청서에 제공할 것을 요구받으며, 이는 '이해관계자 거래'라는 제목 아래에 나와 있는 경우가 많습니다.

또한 투자자는 주식 공모 이전에 제공되는 회사의 주식발행 보고서에서 이해관계자 거래에 대한 공시를 찾아봐야 합니다. 이 문서는 공모 이전에 내부자들이 할인된 가격으로 주식을 매수하는 것을 허용하는 거래에 대한 정보를 투자자에게 전달할 것입니다.

이사회 구성원 임기 및 이사회 구성

투자자는 다음 사항을 파악해야 합니다. (1) 이사회 구성원이 매년 선출되는지, 또는 (2) 회사가 이사회 구성원이 시차를 두고 선출되는 절차를 채택했는지 여부

이사회 구성원의 임기를 검토해야 하는 이유

투자자는 이사회의 각 구성원에 대해 투표권을 행사할 수 있는 역량을 부여, 제한, 또는 제거하는 메커니즘을 이해할 필요가 있습니다.

투자자에게 시사하는 점

주주들이 매년 이사회 구성원을 승인 또는 거부하지 못하도록 막는 회사는 예를 들어, 주주들에게 중요한 이슈에 대해 이사회 구성원이 조치를 취하지 못한 경우에, 이사회 구성을 변화시킬 수 있는 주주들의 역량을 제한하는 것이며, 회사 전략의 변화에 따라 필요한 전문성을 갖춘 개인을 선출할 수 있는 주주들의 역량도 제한하는 것입니다.

고려할 사항

이사회 구성원의 선출에 대한 특정 회사의 정책을 검토할 때, 투자자는 다음 사항을 고려해야 합니다.

■ 주주가 이사회 구성원을 매년 또는 시차를 두고 다년 임기로(그 결과, '임기별 Staggered' 또는 '시차임기제Classified' 이사회가 구성됨) 선출하는지 여부. 매년 선출되는 이사

회는 필요한 경우에 시장 상황의 변동에 따라 새로운 이사를 추천할 수 있는 유연성이 시차이사회에 비해 더 높을 수 있습니다. 또한 시차이사회는 기업 인수에 대한 대응 수단으로 활용될 수도 있습니다. 반대로, 시차이사회 또는 장기이사회는 이사회 전문성의 지속성 측면에서 더 유리합니다. 일본의 경우, 기업 감사 시스템을 활용하는 회사의 주주는 이사회 구성원을 2년 임기로 선출하며, 기업 감사 이사회 구성원을 4년 임기로 선출합니다. 위원회 시스템을 활용하는 회사의 주주는 이사회 구성원을 매년 선출합니다.

■ 이사회가 그다음 연례 주주총회에서 주주의 승인을 받지 않고, 특정 이사회 구성원의 잔여 임기에 대한 공석을 채웠는지 여부

■ 회사의 현황을 고려할 때 이사회의 규모가 적절한지 여부. 대규모 이사회는 구성원의 견해를 상호 조정하기 어렵고, 신속하게 조치를 취하지 못하며, 결정을 최고경영자에게 더 자주 맡기는 경향을 보일 수 있습니다. 소규모 이사회는 심층적 경험과 조언이 부족할 수 있으며, 효율적 운영과 관련하여 업무를 구성원 간에 적절히 배분하지 못할 수도 있습니다.

■ 이사회 구성이 다양성 이슈에 대한 관심을 반영하고 있는지 여부

이사회 구성원의 임기 및 이사회 구성에 대한 정보를 찾을 수 있는 곳

대부분의 경우, 이사회 구성원의 선출에 대한 정보를 찾기에 가장 좋은 곳은 회사의 연례 주주총회 소집 공고 및 추가 서류입니다. 미국과 캐나다의 경우, 일반적으로 이러한 정보는 주주 대상의 연간 의결권위임요청서에 포함되어 있습니다. 투자자는 해당 회사의 부칙 및 정관을 검토하여 경영진과 이사회가 주주의 승인 없이 공석을 메울 수 있는지 여부를 판단해야 합니다

이사회 산하 위원회

이 조항은 감사위원회, 보수 또는 보상 위원회, 추천위원회, 기타 위원회에 대해 별도로 논의합니다.

감사위원회

회사의 재무 보고서에 대한 감사 업무를 감독하기 위해, 이사회가 사외이사로(재무 및 회계 분야에서 최근 관련 경험을 보유한 이사 포함) 구성된 위원회를 설치했는지 여부를 투자자가 파악해야 합니다.

감사위원회의 목적

감사위원회의 주요 목적은 회사에서 보고하는 재무 정보가 완전하고, 정확하고, 신뢰성과 관련성이 높고, 적시적인 정보가 되도록 하는 것입니다. 감사위원회는 이러한 목표를 위해 독립적인 외부 감사를 고용 및 감독하고 다음 사항을 확인할 의무가 있습니다.

- 외부 감사의 우선순위가 회사의 이익 극대화와 일치합니다.

- 감사는 경영진으로부터 독립적이어야 합니다.

- 재무 보고서에 포함된 정보가 완전하고, 정확하고, 신뢰도가 높고, 관련성이 높고, 검증 가능하며, 적시적입니다.

- 재무제표는 일반적으로 일반회계원칙(GAAP) 또는 국제회계기준(IFRS) 및 회사가 속한 관할권 규제 당국의 정보 공개 요건에 의거하여 작성됩니다.

- 감사는 일반적으로 인정된 감사 기준에 의거하여 수행됩니다.
- 외부 감사와 회사 간의 모든 이해상충은 회사 측에 유리한 방향으로 해결됩니다.

- 독립 감사는 해외 자회사 및 계열사들을 포함한 그룹 전체를 대상으로 감사를 할 권한이 있습니다.

투자자에게 시사하는 점

감사위원회의 독립성이 훼손되는 경우, 재무 보고 절차의 완전성 및 회사 재무 보고서의 신뢰도에 대한 의심을 유발할 수 있습니다. 회사의 실적 및 재무 상황에 대한 허위진술 또는 기타 왜곡은 궁극적으로 기업의 주식 가치에 해가 될 수 있습니다.

고려할 사항

투자자는 다음 사항을 고려해야 합니다.

- 감사위원회에 속한 모든 이사회 구성원이 독립적인지 여부

- 감사위원회에 속한 이사회 구성원 중 한 명이라도 재무전문가로 간주되는지 여부

- 이사회가 외부 감사의 선임 건을 주주의 표결에 부치는지 여부

- 감사위원회의 지지 하에 이사회가 외부 감사회사와의 기타 비감사 계약 제안을 승인 또는 거부할 권한이 있는지 여부. 이에 대한 판단은 외부 감사회사로부터 받은 서비스 및 동 감사회사에 지급한 수수료에 대한 위원회 보고서에 대한 검토를 바탕으로 이루어져야 합니다.

- 회사가 비감사 컨설팅 서비스 및 이러한 유형의 잠재적 이해상충의 해결과 관련하여 외부 감사에게 지급하는 모든 수수료에 대한 정책을 감사위원회가 갖추고 있는지 여부. 그러한 비감사 수수료로 인해, 감사들은 재무 보고 이슈에 대한 갈등을 주주들보다는 경영진에게 이익이 되는 방향으로 해결하게 될 수도 있습니다.

- 재무 보고서 또는 회계기준의 정확성 또는 완전성과 관련한 우려사항이 있는 경우에 내부 감사가 감사위원회에게 직접 보고하도록 하는 절차 및 조항을 회사가 갖추고 있는지 여부. 마찬가지로 감사위원회는 내부 감사와 자유롭게 접촉할 수 있어야 합니다.

- 위원회와 외부 감사 간 논의의 결과, 회계 규정에 대한 의심스러운 해석, 사기 또는 기타 회계 문제로 인해 재무 보고서가 변경되었는지 여부, 회사가 그러한 이슈 때문에 외부 감사를 해고했는지 여부

- 예상치 못했거나 복잡한 이슈를 다룰 수 있도록, 위원회가 감사 예산을 통제하고 있는지 여부

■ 과실, 의무 위반 또는 배임이 발생한 경우에 감사의 법적 책임을 제한하는 계
   약을 회사가 감사와 체결했는지 여부

■ 최신 재무 이슈를 잘 파악하기 위해 위원회가 정기적인 교육을 받고 있거나,
   그러한 교육을 받는 것이 필수적인지 여부

■ 회사와 오랜 기간 동안 감사 업무 관계를 이어온 이후에 감사회사가 공정성을
   유지할 가능성이 줄어들 수 있다는 우려에 대처하기 위해, 회사가 감사회사의
   계약 기간에 대한 정책을 갖추고 있는지 여부

■ 회사가 최근 수년간 각기 다른 다수의 감사를 활용했는지 여부(이는 회사가 상대
   적으로 고분고분한 감사회사를 찾고 있음을 암시할 수 있음)

감사위원회에 대한 정보를 찾을 수 있는 곳

호주

호주증권거래소(ASX)에 상장된 회사는 감사위원회와 관련한 거래소의 권고를 준
수하지 않았는지 여부, 그리고 준수하지 않은 이유에 대한 설명을 연차보고서에서
공개할 의무가 있습니다.

캐나다

토론토증권거래소(TSE)에 상장된 회사는 다음 사항을 연차보고서에서 공개할 의
무가 있습니다.

- 감사위원회를 갖추고 있는지 여부

- 감사위원회 구성원이 비상임인지 여부

- 이사회가 자신의 역할 및 책임을 정의했는지 여부

- 감사위원회가 내부 및 외부 감사들과 직접 소통하는지 여부

- 감사위원회가 경영진 보고 및 내부통제 시스템을 감독할 의무가 있는지 여부

유럽연합

유럽연합의 모든 상장회사는 반드시 감사위원회 또는 '동일한 기능을 담당하는 조직'을 갖추어야 합니다. 감사위원회에는 반드시 최소 한 명의 독립 위원이 포함되어야 하며(대부분 국가들의 코드는 더욱 높은 기준을 정했지만), 적어도 한 명의 위원은 반드시 '회계 또는 감사 분야의 역량'을 갖추어야 합니다. 감사위원회는 연간 이사회 보고서에서 회사의 내부통제 시스템에 대해 보고할 의무가 있습니다.

미국

회사는 감사위원회에 최소 한 명의 재무전문가가 있는지 여부, 그리고 위원회의 재무전문가들 중 최소 한 명의 이름을 반드시 공개해야 합니다. 또한 기업들은 명시된 이사회 구성원이 독립적인지 여부를 반드시 공개해야 합니다. 감사위원회에 최소 한 명의 재무전문가도 없다고 공개한 경우, 그 이유를 반드시 설명해야 합니다.

회사는 연간 의결권위임요청서에서 다음 사항도 반드시 공개해야 합니다.

■ 상임 감사위원회가 있는지 여부, 있는 경우에 각 위원회 구성원의 이름, 개최한 회의의 수, 위원회가 실행한 기능에 대한 서술

■ 이사회가 감사위원회에 대한 헌장을 채택했는지 여부, 그러한 경우 회사는 그 헌장의 사본을 최소 3년에 한 번 의결권위임보고서의 부록으로 반드시 첨부해야 합니다. 이러한 정보가 제공되는 경우, 투자자는 이를 회사의 웹사이트에서 찾을 가능성이 가장 높습니다.

■ 회사의 주식이 나스닥, 아메리카 또는 뉴욕 증권거래소에 상장된 경우, 감사위원회 구성원이 해당 상장 기준에서 정의된 대로 독립적인지 여부(독립적이지 않은 감사위원회 구성원에 대한 특정 정보와 함께)

■ 감사위원회가 경영진 및 독립적 감사들과 함께 감사필 재무 보고서를 검토하고 이에 대해 논의했는지 여부, 그리고 감사가 자신의 독립성과 관련하여 적절한 정보 공개를 했는지 여부

■ 감사필 재무 보고서가 연례보고서에 포함될 것을 감사위원회가 이사회에 권고했는지 여부를 명시한 감사위원회의 진술

미국의 일부 관할권의 경우, 감사위원회는 특정 회사가 직면한 리스크의 평가 및 완화에 대해 1차적인 책임을 집니다. 감사위원회가 그러한 책임을 지는 경우, 주주는 감사위원회가 회사가 직면한 모든 리스크(신용, 시장, 신탁, 유동성, 평판, 운영, 전략적, 기술 리스크 포함)를 검토하는지 파악해야 합니다.

보수 및 보상 위원회

투자자는 이사회 및 경영진의 보수 및 보상을 정할 의무가 주어진 사외이사로 구성된 위원회가 회사에 있는지 판단해야 합니다.[9]

보수 및 보상 위원회의 목적

보수 위원회는 보수 및 기타 보상이 이사회 및 경영진이 회사의 장기적 수익성 및 가치를 제고하는 방향으로 행동하는 것을 장려하도록 할 책임이 있습니다. 또한 보수 위원회는 경영진에게 제시되는 보수 패키지가 임원의 책무 수준과 비례하고, 회사의 실적을 고려할 때 그 수준이 적절하도록 관리할 책임이 있으며, 또한 보상 인상 요인이 지나친 리스크 감수, 경영진의 고착화 또는 인신공격적, 비윤리적 행동의 원인이 되고 있는지 판단할 책임이 있습니다. 위원회는 이를 위해 다음과 같은 조치를 취할 수 있습니다.

- 사외이사만 위원회에 포함시킵니다.

- 임원 보상이 회사의 장기적 수익성, 그리고 경쟁기업 및 기타 유사한 상황의 회사와 비교할 때 장기적 주가 상승으로 연결되도록 합니다.

- 보수 정책이 회사 전략, 리스크 선호도, 기업문화와 일맥상통하도록 합니다.

---

9) 아시아 지역의 임원 보상에 대한 추가정보를 보려면, *Lee Kha Loon* 및 *Abe De Ramos, 아시아 지역 임원 보상 정보공개와 관련한 정보 갭 메우기(Pays to Disclose: Bridging the Information Gap in Executive-Compensation Disclosures in Asia* (Charlottesville, VA: CFA Institute, 2008년 3월), 그리고 *상장회사의 고위 임원들의 보상(The Compensation of Senior Executives at Listed Companies)*을 참고하시기 바랍니다.

- 보상 위원회와 회사 간에 이해상충이 발생할 가능성을 배제합니다(예를 들어, 위원회에만 보고하는 독립적인 보상 컨설턴트들만 이용함으로써).

- 보상에 관한 철학, 그것이 회사의 전략적 목표들과 어떻게 일맥상통하는지에 대해 정기적으로 회사의 주주들과 소통합니다.

- 사기 행위를 통해 경영진이 인센티브를 받은 경우에 인센티브 지급액을 경영진으로부터 돌려받기 위한 명확한 메커니즘을 보상 패키지에 명시합니다.

- 보상에 관한 철학 및 정책에 대한 명확한(즉, '쉬운 표현') 설명을 준비하여 모든 주주들 및 기타 이해관계자에게 정기적으로 전달합니다. 그리고

- 보상 위원회 구성원 또는 이사회가 보상을 정하는 경우 이사회의 임원 보상 패키지에 관한 모든 요소를 이해하도록, 그리고 최상 및 최악의 시나리오 하에서 어떠한 최종 지급액이 임원들에게 주어질 수 있는지 인식하도록 합니다.

투자자에게 시사하는 점

이러한 위원회의 존재 및 경영진으로부터의 독립성은, 경영진에게 제공되는 보상 및 인센티브가 회사의 장기적 이익 극대화와 일맥상통하도록 합니다. 독립성이 없는 위원회는 유사한 상황의 기타 회사와 비교하여 지나치게 많은 보상을 지급하거나 또는 장기적 수익성 및 가치를 희생하면서 단기적으로 주가를 부양하는 조치에 대해 인센티브를 제공하라는 경영진의 압박을 받을 수 있습니다.

고려할 사항

투자자는 보수 및 보상 위원회에 대한 분석의 일환으로 다음 사항을 판단해야 합니다.

■ 고위경영진에게 제공되는 보상 패키지의 전반적 구성이 적절한지 여부

■ 위원회가 보상에 관한 철학, 정책, 주주들에 대한 절차를 적절히 설명했는지 여부

■ 임원 보상이 회사의 장기적 수익성, 경쟁기업 및 유사한 상황의 회사와 비교할 때 장기적 주가 상승으로 연결되는지 여부. 주주는 인센티브 구조가 경영진이 단기적으로 지나친 리스크를 감수하는 행위를(이는 회사의 장기적 생존력에 해가 될 수 있습니다) 조장하는지 판단해야 합니다.

■ 경영진이 받은 인센티브가 사기 행위 또는 회사의 지속 가능한 실적 또는 생존력에 해가 되는 기타 행위를 통한 것이라면 경영진으로부터 인센티브를 회수할 수 있는 명확한 메커니즘이 포함되어 있는지 여부(현지 법률 및 규정에서 허용하는 경우)

■ 위원회 구성원이 임원 보상 패키지의 모든 요소를 이해하며, 최상 및 최악의 시나리오 하에서 어떠한 규모의 최종 보수가 임원에게 지급될 수 있는지 인지하는가의 여부

■ 위원회 구성원이 전년도에 정기적으로 회의에 참석했는지 여부

■ 회사가 전년도에 5명의 최고 연봉 임원 및 이사회 구성원에게 지급된 보상에

대해 공개문서를 통해 주주에게 상세 정보를 제공했는지 여부

■ 회사가 상기 개인에게 지급된 주요 내역 및 금액을 공시한 적이 있는지 여부. 일부 관할권은 회사가 고위경영진 및 이사회의 보상에 대한 요약 정보만 제공할 것을 요구합니다.

■ 경영진 및 직원에게 지급한 옵션의 조건이 공개되었는지, 그 조건이 합리적인지 여부

■ 회사가 주식 기반 보수 지급 의무를 실행하기 위해 신주를 발행하려 하는지 또는 이러한 옵션을 공개시장에서 재매입한 주식으로 지급하려 하는지 여부

■ 주식 기반의 보수 체계에 대해 회사와 이사회가 반드시 주주의 승인을 받아야 하는지 여부. 그러한 체계는 발행 주식 수에 영향을 미치며, 따라서 현 주주의 보유 지분, 주당 순이익 보고의 기준 및 회사 주식의 시가총액에도 영향을 미칩니다.

■ 이사회가 스톡옵션 또는 양도제한부 주식 등의 형태로 변동 보수를 받는지 여부, 그리고 그러한 보상이 이사회의 이해관계를 회사의 이해관계와 적절히 일치시키는지 여부

■ 회사 간 겸직 이사 선임 관계에 있는 다른 회사의 고위 임원이 이 위원회의 구성원인지 여부. 임원 보상은 다른 회사의 유사 직책에 대한 보상을 토대로 책정되는 경우가 많으며, 이 위원회에 보수에 대한 상호 호혜적 결정이 직접적 이익이 될 수 있는 개인이 있는 경우, 그러한 결정은 해당 회사의 이익 극대화에 도움이 되지 않을 수 있습니다('이사회 독립성'이라는 제목의 조항 참조).

■ 보상 위원회와 회사 간에 잠재적 이해상충이 존재하는지 여부. 그러한 이해상충을 방지하는 방법 중 하나는, 이 위원회에만 보고하는 독립적인 보수 컨설턴트만 활용하는 것입니다.[10]

보수 및 보상 위원회에 대한 정보를 찾을 수 있는 곳

호주

ASX에 상장된 회사는 보수 위원회에 대한 거래소의 권고를 준수하지 못했는지 여부를 연차보고서에 공개하고, 준수하지 못한 이유를 설명하라는 요구를 받습니다.

브라질

브라질에서 보상에 대한 정보의 주요 출처는 참조 서식 그리고 규정에 의한 명시된 연례 주주총회 의결권위임요청서입니다.

캐나다

TSE는 TSE에 상장된 회사가 보상 위원회를 두고 있는지, 그러한 경우에 독립적 또는 비상임 이사로 구성되어 있는지, 그리고 이사회의 과반수가 독립적인지 여부를 연차보고서 또는 경영진 정보 및 의결권자 회람 자료를 통해 보고할 것을 요구합니다. 2008년 12월 31일 이후부터 연차보고서에 적용되기 시작한 새로운 규정은, 증권거래위원회 규칙과 마찬가지로 '보수 공개 및 분석' 조항에서 총 보수를 공개할 것을 요구합니다.

---

10) 이 주제에 대한 추가적인 논의를 보려면, *상장회사 고위 임원들의 보상(The Compensation of Senior Executives at Listed Companies)*을 참조하시기 바랍니다.

영국

영국의 상장회사는 보수 위원회 회의에 대한 위원회 구성원의 참석 빈도를 연차 보고서를 통해 보고할 의무가 있습니다. 이러한 회사는 이 위원회에 위임된 책무도 공개해야 합니다.

미국

미국의 상장회사는 상임 보상 위원회가 있는지 여부를 연간 의결권위임요청서를 통해 보고합니다. 이러한 보고서에는 위원회 구성원의 이름, 보상 전략 요약 및 위원회의 정책 및 절차도 포함됩니다.

추천위원회

투자자는 회사에 이사회 구성원을 영입할 의무가 있는 사외이사로 구성된 추천위원회가 있는지 여부를 파악해야 합니다.

추천위원회의 목적

추천위원회의 임무는 다음과 같습니다.

- 회사의 사업 요구를 고려하여, 적절한 자격 및 경험을 갖춘 신규 이사들을 발굴합니다.

- 기존 이사회 구성원의 실적, 독립성, 기술, 전문성을 정기적으로 검토하여, 이

들이 회사 및 이사회의 현재와 미래의 요구를 충족하는지 판단합니다.

■ 추천 정책 및 절차를 수립합니다.

■ 경영진 및 이사회 구성원의 승계 계획을 수립합니다.

투자자에게 시사하는 점

추천위원회가 제시한 일련의 후보들이 이사회가 궁극적으로 회사의 이익을 위해 일하는지 여부를 결정할 것입니다. 이 위원회는 회사를 대리하여 일할 수 있으며 그렇게 할 개인을 발굴하기 위해, 그리고 현재 이사회 구성원의 실적에 대한 평가가 공정하며 적절하게 이루어지도록 반드시 독립성을 유지해야 합니다('이사회 구성원의 자격' 조항 참조).

고려할 사항

투자자는 추천위원회가 회사의 이익을 위해 행동하는 이사들을 영입했는지 적절히 판단하기 위해 수년간의 회사 보고서를 검토해야 할 수도 있습니다. 이들은 다음 사항도 검토해야 합니다.

■ 새로운 이사 추천의 기준

■ 기존 이사들의 구성, 배경, 전문 분야, 그리고 신규 후보들이 이사회의 현재 전문가 구성을 보완해 주는지 여부(이사회에 다양한 재능 및 배경을 추가하려는 노력 포함)

■ 이 위원회가 신규 이사 후보를 발굴하는 방법. 이에는 이 위원회가 헤드헌팅

회사를 활용하는 등의 방법으로 후보를 물색하는지 여부, 아니면 이사들이 경영진 또는 다른 이사의 조언에 의지하는지 여부도 포함됩니다.

- 정기 및 특별 회의에 대한 이사의 참석 기록

- 예측하지 못한 상황이(최고운영책임자 또는 최고재무책임자의 갑작스러운 활동 불능 등) 발생한 경우에, 회사의 경영진 승계 계획, 그러한 계획 및 이를 지휘, 실행할 것으로 예상되는 인물에 대해 회사가 제공한 정보

- 위원회가 전년도에 취한 조치 및 결정에 대한 논의를 포함한, 위원회의 보고서 (개최한 회의의 수, 위원회 구성원의 참석 기록, 위원회의 정책 및 절차 포함)

추천위원회에 대한 정보를 찾을 수 있는 곳

다수 국가의 회사 연차보고서에는, 전년도에 추천위원회가 취한 조치에 대한 일반적 논의가 포함되어 있습니다. 또한 수많은 상장회사의 웹사이트에는 이 위원회의 활동 및 구성원이 서술되어 있으며, 일부 국가의 경우에는 이 위원회의 헌장에 대한 정보도 제공됩니다.

호주와 영국 등 일부 국가에 상장된 회사의 연차보고서는 회사가 추천위원회 규정을 준수하지 못한 경우에 이를 공개하고 그 이유를 설명할 의무가 있습니다.

기업 거버넌스 보고서에는(제공되는 경우), 해당 회사의 추천 절차에 대한 설명 및 해당 회사에 특별 지정 추천위원회가 있는지 여부가 포함되는 경우가 많습니다.

미국과 같은 일부 관할권의 경우, 투자자는 이 위원회의 업무에 대한 정보(위원회

각 구성원의 이름 및 개최 회의 수 포함)를 찾기 위해, 주주 대상의 연간 의결권위임요청서를 살펴봐야 합니다.

이사회 산하 기타 위원회

투자자는 기업 거버넌스, 인수합병, 법적 사안, 리스크 관리, 환경 보건 및 안전 이슈 등의 특정 분야에서의 경영진의 활동을 감독하는 다른 위원회가 이사회 산하에 있는지 파악해야 합니다.

이사회 산하 기타 위원회의 목적

이사회는 해당 산업, 사업부문 또는 현재 상황과 관련된 이슈를 다루기 위한 기타 전문위원회로서, 대부분 회사가 갖춘 일반적인 위원회가 아닌 위원회를 둘 수 있습니다.

투자자에게 시사하는 점

이사회 산하 기타 위원회는 일반적으로 감사, 보수 또는 추천위원회처럼 국가의 기업 거버넌스 코드 또는 거래소가 책정한 가이드라인에서 다루어지지는 않기 때문에 경영진에 속하는 구성원을 포함하고 있을 가능성이 더 높습니다. 따라서 이러한 위원회는 감사, 추천, 보수 위원회에 요구되는 독립성 수준을 달성하지 못할 수도 있으며, 심지어 달성할 필요가 없을 수도 있습니다. 집행위원회는 빠른 조치를 취하기 위한 수단이 될 수도 있지만(전체 이사회의 특별 회의를 소집할 필요 없이), 전체 이사회의 면밀한 조사에서 빠져나가는 방편으로 이용될 수도 있습니다. 집행위원회가 있는 경우, 투자자는 해당 회사의 부칙, 회의 수, 그리고 취한 조치를 신중하게 검토하는 것이 바람직합니다.

각 위원회의 목적에 따라 이사회에서 만든 기타 위원회는 회사의 목표, 중점, 전략에 대한 추가적인 통찰을 제시할 수 있습니다. 예를 들어, 리스크 관리를 전담하는 위원회는 회사가 직면한 재무적 리스크와 운영 리스크의 식별 및 정량화를 고려하여 최적의 리스크 익스포저를 결정할 수 있습니다. 2007-2009년 글로벌 금융위기 속에서, 리스크 관리 위원회, 특히 금융기관의 위원회는 프로파일을 더욱 강화하고, 이제는 감사 및 보상 위원회 같은 더 전통적인 위원회만큼 중요하다고 간주되는 역할을 맡았습니다. 전 세계의 리스크 관리 위원회는 이제 레버리지, 거래 상대방 리스크, 익스포저 집중도 등과 같은 회사의 재무 리스크를 철저히 검토하는 역할을 하고 있습니다.

고려할 사항

투자자는 회사의 리스크 프로파일에 대한 관리 및 측정 임무를 맡은 위원회가 갖춘 리스크 관리 및 리스크 측정 전문성의 정도를 파악해야 합니다.

이사회 산하 기타 위원회에 대한 정보를 찾을 수 있는 곳

감사, 보상, 추천위원회의 경우와 마찬가지로, 투자자는 아래의 네 곳에서 특별목적 위원회에 대한 정보를 찾아볼 수 있습니다. (1)주주 대상의 연차보고서, (2)연간 기업 거버넌스 보고서(제공되는 경우), (3)상장회사 웹사이트, (4)미국과 캐나다 등 관할권의 경우에 주주 대상의 연간 의결권위임요청서

이사회와 주주 간 의사소통

투자자는 이사회와 주주 간 의사소통 및 주주가 이사회와 대면할 수 있는지 여부를 평가해야 합니다.

이사회의 의사소통은 중요하지만, 수많은 이사회들은 적절한 IR 서비스를 하고 있지 않거나 이머징 시장에서는 이사회 외 차원에서 주주들과의 의사소통을 제공하지 않고 있습니다.

투자자에게 시사하는 점

기업의 이사회에서 모든 주주와 대면할 시간이나 자원은 없지만, 주주가 우려사항을 이사회에 전달할 수 있는 방법을 확립해야 합니다. 이렇게 하면 이사회는 주주가 제기한 합법적 우려사항을(이사회에서는 포착하거나 다루지 못했을 수 있는) 파악할 수 있게 됩니다. 이사회는 회사 전반에 해가 되는 방식으로 특정 주주의 이익을 위해 행동하거나 중요 정보를 일부 주주에게 공개하면서 다른 주주 및 시장에는 공개하지 않음으로써 회사에 대한 신의성실의무를 위반하지 않아야 합니다.

고려할 사항

대다수 관할권에서는 이사회와 주주 간 소통에 적용되는 공식 규정을 두지 않고 있습니다. 따라서 이사회-주주 소통 및 협조 문화는 각 시장마다 다릅니다. 또한 시간과 자원이 부족하기 때문에, 이사회는 회사에 대한 보유 지분이 상당한 기관투자자들만 만나게 될 가능성이 높습니다. 최근 IT 기술 등의 발달로 인해 주주가 우려사항을 소통할 수 있는 다양한 방식이 생겨났으며, 이와 관련하여 일부 회사는 이사회의 이메일 주소 또는 기타 전자식 의사소통 수단을 지정해 놓았습니다. 주주는 이사회, 이사회 의장 또는 선임 사외이사를 대상으로 우려사항을 제기할 수 있는 쉽고 효율적인 방법이 있는지 고려해야 합니다.

최근 수년간, 수많은 기관투자가 주주는 주주 관여를 위한 노력을 대폭 확대했으며, 그 일환으로 주주 담당 직원을 대폭 늘렸습니다. 따라서 수많은 주주는 포트폴리오에 있는 회사들에 더 자주 그리고 더 많은 이슈에 관여해야 한다는 기대치를 갖고 있습니다. 이에 따라, 회사와 이사회는 주주의 관여 증가에 대처하는 데 필요한 전략 및 인력 확충 역량을 갖춰야 합니다. 이러한 관여는 기본적인 IR 관련 소통을 넘어서서 투자자와 관계를 구축하는 것에 초점을 맞춰야 합니다. 관여를 통해 투자자와의 의사소통 및 신뢰 개선을 도모함으로써, 회사, 그 경영진 및 이사회는 장기적인 전략적 계획에 동조하지 않는 기업사냥꾼 및 투자자로부터 스스로를 더 잘 보호할 수 있을 것입니다.

이사회의 의사소통에 대한 정보를 찾을 수 있는 곳

회사의 기업 거버넌스 관련 문서와 웹사이트에는, 주주가 이사회와 소통할 수 있는 방식이 자세히 서술되어 있습니다. 이사회와 접촉하려는 기관투자가와 애널리스트들은 해당 회사의 IR 담당자, 비서실 또는 이사회 구성원과의 기존의 개인적 관계를 통해 이사회와 접촉할 수 있을 것입니다.

경영진

이사회는 경영진과의 협의를 통해 회사의 전략적, 윤리적, 재무적 방향을 정하지만, 투자자는 궁극적으로 그러한 방향의 실행 측면에서 경영진에게 의존합니다. 경영진은 회사의 실적, 재무적 및 비재무적 상황, 그리고 전략 또는 기업 이니셔티브 Initiative의 변화와 관련한 정보를 이사진, 투자자, 대중과 소통할 의무가 있습니다.

일반적으로 투자자는 회사의 재무 실적 및 상황에 대한 경영진의 보고서에 익숙합니다. 하지만 그들은 기업문화, 거버넌스 규준, ESG 이슈에 대한 통찰을 얻을 수 있는 기타 정보원은 알지 못할 수도 있습니다. 회사의 윤리강령, 기업 거버넌스 원칙, 보상 정책, 자사주매입 및 주가안정화 프로그램, 기업 인수 방어, 지속가능성 보고서, 주주 소통에 대한 접근방식 모두 경영진이 회사 가치 극대화에 집중하는지에 대한 소중한 통찰을 전달합니다.

투자자가 기업 거버넌스 사안에서 경영진의 역할 및 책임을 이해하도록 돕기 위해, 아래 조항에서는 회사 윤리강령 및 기업문화에 대해 논의하고 기업 투명성 측면을 살펴봅니다.

윤리강령의 실행

투자자는 회사가 윤리강령을 채택했는지 여부, 그리고 회사가 적절한 윤리 규범 준수를 위해 노력하고 있는지 여부를 판단해야 합니다.

윤리강령의 목적

회사의 윤리강령은 해당 회사의 목표, 비전, 사명 및 가치, 그리고 청렴성, 신뢰, 정직성의 기본 원칙을 바탕으로 윤리적 행동의 기준을 정합니다. 이 강령은 직원들이 회사의 업무 수행 시 취할 행동 기반과 직장에서 직면할 수 있는 윤리적 딜레마와 이해상충에 대처하는 방법에 대해 안내를 합니다. 사실상 윤리강령은 회사의 리스크 관리, 무결성, 준수 정책의 일부를 나타내는데, 이는 회사의 대표자들이 회사, 제품, 주주 또는 이해관계자에 해를 미칠 수 있는 행위를 하지 않도록 방지하는 것이 목적입니다.

투자자에게 시사하는 점

회사의 윤리강령 위반 사례가 알려지면, 규제 당국의 제재, 벌금, 경영진 교체, 원치 않는 부정적 언론 보도 등으로 이어지는 경우가 많으며, 이 모두는 회사의 실적 및 가치에 부정적 영향을 미칠 수 있습니다. 적절한 기업 윤리강령의 채택 및 준수는, 윤리 규준을 확립 및 유지하겠다는 경영진 측의 확약을 시사합니다. 그러한 강령 및 정책의 존재는 위반이 발생한 경우에 규제 당국의 조치를 완화해 주는 요인이 될 수 있습니다.

고려할 사항

투자자는 회사의 윤리 의식에 대한 분석 과정에서 해당 회사가 다음 사항에 해당 되는지 여부를 파악해야 합니다.

- 관련 기업 정보에 대한 접근을 적시에, 종합적으로 이사회에 전달하는지 여부

- 윤리강령을 갖추고 있는지, 주주에게는 제공되지 않는 혜택을 회사 내부자에 게 제공해 주는 행위를 그 강령이 금지하고 있는지 여부. 예를 들어 어떠한 윤 리강령은 공모 가격으로 주식을 매수하는 사람들의 가치 및 이익이 희석되는 것을 방지하기 위해 회사가 주식 공모 이전에 경영진, 이사회 구성원, 기타 내 부자에게 할인 가격으로 주식을 제공하는 행위를 금지하고 있을 수 있습니다.

- 윤리강령을 마련하여 내부적으로 홍보하고 직원들이 강령 준수를 위한 교육을 의무적으로 이수할 수 있도록 하고 있는지 여부

- 기업 윤리를 담당하는 사람을 추천했는지 여부

- 금지사항에 대한 면제를 특정 수준의 경영진에게 제공하는 윤리강령이 있는지 여부, 그에 대한 이유, 그러한 면제를 없애기 위한 실행 계획을 제안했는지 여부

- 최근 기간에 윤리강령 조항의 적용을 면제했는지, 그렇게 한 이유를 설명했는 지, 이러한 면제 조치가 다시 발생하는 것을 방지하기 위한 실행 계획을 제안했 는지 여부

- 기업이 위치한 국가의 기업 거버넌스 코드 또는 그 주식이 상장되어 있는 증권

거래소의 거버넌스 관련 요건을 준수하고 있는지 여부. 일반적으로, 회사는 그러한 규정을 준수하지 못했는지 여부, 그리고 그러한 경우 그 이유를 반드시 공개해야 합니다. 일부 경우에, 이를 준수하지 못하면 규제 당국의 벌금 또는 제재 조치를 받을 수 있습니다. 또한 회사는 소비자 또는 정치 집단의 제품 보이콧 등 비공식적 제재에 직면할 수도 있습니다.

■ 윤리 또는 거버넌스 정책 및 절차 개선을 위해 감사를 정기적으로 하는지 여부

회사의 윤리강령 및 기타 윤리 사안에 대한 정보를 찾을 수 있는 곳

윤리강령을 갖춘 회사는 일반적으로 이를 공개 웹사이트에 게시하거나, 주주 대상의 연차보고서에 포함시키거나, 연간 기업 거버넌스 보고서에 포함시킵니다(이것이 의무사항인 국가의 경우).

호주 등 일부 국가에 상장된 회사의 연차보고서는 회사가 행동강령의 도입 및 실행과 관련된 거버넌스 기준을 충족하지 못한 시점 및 이유를 공개하고 있습니다.

투자자는 특정 국가의 기업 거버넌스 코드의 요건(부록 A 참조) 또는 거래소의 거버넌스 요건을 확인해볼 수 있습니다.

회사 자산의 개인적 이용

투자자는 회사가 경영진, 이사회 구성원 또는 그의 가족구성원(내부자)이 개인적 이유로 회사 자산을 이용하는 것을 허용하는지 판단해야 합니다.

회사 자산의 개인적 이용에 대한 회사의 정책을 검토해야 하는 이유

회사 자산을 내부자가 이용하는 것을 제한 또는 금지하는 정책은 회사 및 모든 주주 및 이해관계자를 위해 수익을 창출하려는 목적으로 자원이 가장 효율적이며 생산적인 방식으로 활용되도록 하려는 것입니다. 또한 그러한 정책 및 절차는 이사회 구성원이나 그 가족구성원이 회사 자산을 이용하는 경우에 발생할 수 있는 이해상충을 방지하려 노력함으로써 이사회 구성원의 독립성을 보존하려고 합니다.

투자자에게 시사하는 점

경영진, 이사회 구성원 또는 그 가족구성원을 포함한 내부자가 개인적 이유로 회사 자산을 이용하는 경우, 해당 자산은 수익을 창출하는 생산적 활동에 투입될 수 없습니다. 또한 그러한 이용은 이사회 구성원의 이해상충도 유발합니다.

고려할 사항

회사 자산의 개인적 이용에 대한 특정 회사의 정책을 검토할 때, 투자자는 해당 회사가 다음 사항에 해당되는지 여부를 파악해야 합니다.

- 개인적 이익을 위해 내부자가 회사 자산을 이용할 수 있는 경우를 제한하는 윤

리강령 또는 정책 및 절차를 갖추고 있는지 여부

■ 현금 또는 기타 자원을 내부자(가족구성원 및 기타 이해관계자 포함)에게 대여하거나 기증했는지, 그렇게 한 이유를 설명했는지, 그러한 행위의 반복을 방지하기 위한 실행 계획을 제안했는지 여부

■ 경영진, 이사회 구성원 또는 그 가족구성원의 개인적 이용을 위해 부동산 또는 기타 자산(주택 또는 비행기 등)을 구매했는지, 그렇게 한 이유를 설명했는지, 그러한 구매의 반복을 방지하기 위한 실행 계획을 제안했는지 여부

■ 주택 또는 차량 등의 자산을 경영진, 이사회 구성원 또는 그 가족구성원에게 임대했는지 여부, 시장 상황을 고려할 때 그러한 계약의 조건이 적절한지 여부

내부자 거래에 대한 정보를 찾을 수 있는 곳

투자자는 회사 임원, 이사회 구성원 또는 그 가족구성원을 대상으로 이루어진 대출 정보를 해당 회사의 웹사이트 또는 연차보고서의 '이해관계자 거래' 조항, 연간 기업 거버넌스 보고서, 주주 대상의 연간 의결권위임요청서에서 찾을 수 있습니다. 또한 투자자는 주식의 공모 이전에 이해관계자 거래의 존재 여부를 확인하기 위해 회사의 주식발행 보고서를 검토해야 합니다. 이 문서는 공모 이전 내부자가 할인된 가격으로 주식을 매수하는 것을 허용하는 거래에 대한 정보를 투자자들에게 제공할 것입니다.

기업 투명성

이 조항은 임원 보상, 자사주매입 및 주가안정화 계획, 경영진과 주주 간 의사소통, 금융, 기업 거버넌스 및 ESG 보고, 감사 규준에 대해 살펴봅니다.

임원 보상

투자자는 회사의 업무 관리에 대해 핵심 임원에게 지급되는 금전적 보수가 지급되는 방식을 모두 분석하여 회사 임원에게 제공되는 보상이 (1) 임원의 임무 및 성과에 비례하는지, (2) 지나친 리스크 감수, 경영진의 고착화 또는 인신공격적, 비윤리적 행동을 조장하지 않는 선에서 적절한 인센티브를 제공하는지 판단해야 합니다.

임원 보상 공시를 검토해야 하는 이유

임원 보상이 얼마나, 어떠한 방식으로, 어떠한 근거로 지급되었는지에 대한 공시는 회사의 자산관리에 대한 이사회의 책임을 보여줍니다. 또한 이러한 공시를 바탕으로 투자자는 실적 측면에서 회사의 성과를 고려할 때 보상이 합리적인지 평가할 수 있습니다.

주주들에게 시사하는 점

보상의 목적은, 탁월하며 지속 가능한 성과와 직접적으로 연계된 이익에 대해 경영진에게 보상해 주는 것입니다. 적절하게 설계된 프로그램은 회사 경영진으로 하여금 주주를 위해 지속 가능한 가치를 창출할 인센티브를 제공해 줄 것입니다.

잘못된 보상 프로그램은 경영진이 자신의 보수를 높이기 위해 장기적인 성장보다는 단기적인 성과에 집중하는 결정을 내리는 행위를 조장할 가능성이 있습니다. 잘못된 프로그램은 경영진의 지나친 리스크 감수 또는 전반적인 분야 또는 업계 추세를 따르는 행위에 대해 보상을 해줄 수도 있으며, 기존 주주의 지분을 희석시킬 수도 있습니다.

보상은 기본급과 특정 유형의 성과급으로 나뉘는 경우가 많습니다. 대표적인 단일 모델은 없지만, 모범 규준은 다음 사항을 반영하는 성과급을 포함하는 추세입니다. (1) 회사 전략과 연계된 핵심성과지표 등의 목표 지표와 비교한 최근의 사업 성과, (2) 장기 인센티브 플랜(LTIP)에 기반하는 성과급(이 플랜은 미래 예상 성공 지표를 활용합니다). LTIP는 경영진이 회사를 장기적 성장 궤도에 안착시켰는지 여부를 파악하려는 목적으로 설계된 것입니다. 일반적으로, 급여는 성과와 연동되지 않지만 성과급 및 LTIP는 연동됩니다.

고려할 사항

회사의 임원 보상 공시를 검토할 때, 투자자는 다음 사항을 살펴봐야 합니다.

- *보수 또는 보상 프로그램.* 회사의 임원 보상 프로그램의 조건을 검토하고, 임원과 체결한 계약의 요약을 분석함으로써, 투자자는 해당 프로그램이 회사 가치의 장기적 성장 또는 단기적 성장에 대해 보상해 주는지 판단할 수 있을 것입니다. 이러한 검토에는 보수 및 보상 위원회가 임원들의 보수를 정하려는 목적으로 컨설턴트를 활용하는지, 아니면 내부 출처에(이는 편파적일 수도 있습니다) 의존하는지 여부에 대해 이해하기 쉬운 설명도 포함되어야 합니다. 투자자는 경영진에게 제공되는 보상이 경쟁사와 비교한 해당 회사의 실적에 기반한 것인지, 다른 지표에 기반한 것인지를 집중 검토해야 합니다.

■ *과거 임원 보상.* 최근 수년간 회사의 고위 임원에게 지급된 실제 보수 및 핵심 직원에게 제공된 보상 패키지의 요소를 분석함으로써, 주주는 회사가 경영진에게 지급한 보상에 비해 적절한 이익을 얻고 있는지, 그리고 해당 보수가 회사 및 주주의 이해관계와 일치하는지 여부를 판단할 수 있습니다. 예를 들어, 고정 보상과 변동 보상의 비율은 경영진의 리스크 선호도를 보여줄 수 있습니다.

■ *보상이 변동 보상인지, 성과 기반 보상인지 여부.* 투자자는 보상 패키지가 경쟁기업 및 동종기업과 비교한 해당 회사의 장기적 수익성 및 주가 성과와 연계되어 있는지(정상적인 경기 사이클 전반에 걸쳐) 판단해야 합니다. 모범 규준으로는 이사회가 인센티브 기반 보상(성과급 및 LTIP)을 결정하기 위해 활용하는 목표치와 실제 보상 임계치를 공개하는 것을 들 수 있습니다. 투자자는 다음과 같은 핵심 질문을 제기해야 합니다.

○ 보수 플랜은 대체로 이해하기 쉬운지, 아니면 지나치게 불분명한지?

○ 성과는 동종기업과 비교하여 측정되는지, 그리고 이러한 동종기업은 적절한 비교집단인지?

○ 목표치는 현재의 경제 상황에서 임원들에게 적절한 추가 노력을 요구하는지?

○ 보수 목표는 해당 사업에 적절한지, 장기적 전략 달성을 위해 효율적이며 비용 효율적인지?

○ 목표치는 회사의 장기 전략과 명확하게 연계되어 있는지 또는 자본이익률이나 총주주수익률 등의 재무 성과와 양의 상관관계가 있는지?

○ 보수가 비재무적 기준(예를 들어 ESG)과 연계되어 있는지, 그렇다면 어떠한 기준과 연계되어 있는지?

○ 인센티브 제도가 회사의 리스크 정책과 일맥상통하는지?

○ 성과는 합리적인 기간에 걸쳐(이상적으로는 전체 경기 사이클에 걸쳐) 측정되는지?

○ 성과측정은 감수한 리스크를 고려하는지?

○ 보상 계획에는 부정행위를 통해 받은 보수를 회수하기 위한 환수 조항이 포함되어 있는지?

○ 주식 양도 제한은 경영진이 특정 기간 동안 주식을 보유할 것을 요구하는지?

■ *외부 컨설턴트의 활용*. 투자자는 보수 및 보상 위원회가 임원들의 보수를 정하려는 목적으로 컨설턴트를 활용하는지, 아니면 내부 자원에(이는 편파적일 수도 있습니다) 의존하는지 여부를 판단해야 합니다.

■ *주식 기반 보상의 조건*. 이러한 유형의 보수 프로그램의 조건에(핵심 임원 및 기타 직원들에게 제공된 총 주식 수 포함) 대한 검토를 통해, 투자자는 이 프로그램이 발행주식 수, 주주 이익의 희석, 주가에 어떻게 영향을 미칠 수 있는지 파악할 수 있습니다. 투자자는 기업이 그러한 계획의 수립 또는 수정에 대해 주주의 승인을 구하는지 여부를 판단해야 합니다(주주의 의결을 요할 만한 기타 이슈와 관련하여, '주주의 권리' 조항을 참조하시기 바랍니다).

■ *스톡옵션 비용 처리*. 보상이 현금, 주식 또는 주식옵션으로 지급되는지 여부와 무관하게, 제공받은 용역에 대한 대가를 포함하며, 손익계산서에 비용으로 표시되어야 합니다. IFRS 및 GAAP은 회사가 부여한 스톡옵션을 비용 처리할 것을 요구합니다. 투자자는 스톡옵션에 의해 제공되는 레버리지가 과도할 가능성 및 지나친 리스크 감수 인센티브에 대해 주지해야 합니다.

■ *옵션 행사가격 조정*. 투자자는 회사가 과거에 부여한 스톡옵션의 행사가격을 하향 조정하려는 시도를 계속 파악해야 합니다. 행사가격의 조정은, 기존의 옵션이 경영진에게 제공했던 인센티브를 제거하는 것이며, 따라서 장기적인 수익성 및 회사 실적과 경영진 보수 간의 연계를 약화시키게 됩니다.

- **주식보상 부여 스케줄.** 주주는 옵션, 양도제한부 주식, 기타 주식 기반 보상이 즉각 부여되는지(이 경우 단기적 사고방식을 조장할 수 있음), 아니면 다년간에 걸쳐 부여되는지(이 경우 경영진의 이해관계가 회사 및 주주의 이해관계와 더욱 잘 일치할 수 있습니다) 파악해야 합니다.

- **추가적인 임원퇴직보상제도**Supplemental Executive Retirement Plans(SERPs). 다수 회사는 임원들을 위해 SERP 또는 회사의 일반적인 퇴직연금제도가 적용되는 범위를 넘어서는 혜택을 제공하는 기타 퇴직연금제도를 확립해 놓았습니다. 투자자는 이러한 추가 제도의 세부 내역을 이해함으로써, 특정 임원의 계약 기간 동안 어떠한 회사 자원이 이러한 제도에 투입되는지 또는 투입될 것인지를 파악해야 합니다.

- **특혜.** 주주는 임원에게 주어지는 비재무적 혜택, 그러한 혜택을 뒷받침하는 회사의 투입 비용에 대해 파악해야 합니다. 특혜에는 자동차, 기업 항공기의 개인적 이용, 보안 시스템, 임원 식당, 법률/세무/재무 컨설팅 서비스, 저금리 대출 등이 포함됩니다.

- **경영진의 주식 보유.** 투자자는 경영진의 일원이 스톡옵션 부여와 관련되지 않은 주식을 보유 중인지 여부를 파악해야 합니다. 그러한 보유 지분은 임원의 이해관계가 회사 및 주주의 이해관계와 일치하도록 합니다. 주주는 경영진이 회사를 떠난 후에 주식을 일정 기간 보유할 의무가 있는지 살펴봐야 하는데, 이러한 경우 이론적으로 경영진은 자신의 의사결정이 미치는 장기적 영향을 저울질할 가능성이 커집니다.

- **회사의 동종그룹.** 주주는 회사가 자신의 경영성과에 대한 벤치마크로써 활용하는 동종그룹을 공개하는지 살펴봐야 합니다. 그러한 경우, 주주는 이러한 동종그룹이 적절한지, 다년간 비교적 안정적이었는지 판단해야 합니다. 동종그룹

이 비교 목적으로 적절하지 않거나 자주 바뀌는 경우에 이에 근거한 보상에 대한 경고 신호가 될 수 있습니다.[11]

■ *환수 조항*. 투자자는 경영진이 명확히 부정행위를 저지른 경우에 회사가 환수 조항을 두고 있는지 파악해야 합니다.

임원 보상에 대한 정보를 찾을 수 있는 곳

다수 관할권에서, 회사는 임원 보상에 대한 정보를 연차보고서를 통해 공개합니다. 일부 경우에 각 임원에게 지급된 금액에 대한 공시가 자발적으로 이루어지지만, 회계기준 수립 기관들과 증권규제 당국은 이러한 공시를 점점 더 의무화하는 추세입니다.

미국과 캐나다의 경우, 임원 보상 전략 및 핵심 임원에게 지급된 실제 보상에 대한 보고서는 회사가 주주들에게 보내는 연간 의결권위임요청서에 포함됩니다. 또한 투자자는 그러한 정보를 회사 웹사이트에서 찾을 수도 있습니다.

---

11) 상장회사 고위 임원들에 대한 보상(The Compensation of Senior Executives at Listed Companies) 참조.

자사주매입 및 주가안정화 프로그램

주주는 자사주매입 프로그램 및 주가안정화 조치의 규모, 목적, 자금 조달 방식, 기간을 살펴보아야 합니다.

자사주매입 및 주가안정화 프로그램 관련 공시를 검토해야 하는 이유

회사는 자사주매입 프로그램을 통해, 증권거래소에서 기존에 거래되고 있는 자사의 주식을 매입할 수 있습니다. 주가안정화 프로그램의 경우, 회사는 주식의 공모 이후에 주식 가격의 변동성을 줄이기 위해, 거래 관계에 있는 투자은행을 통해 주식을 매수 및 매도합니다.

투자자에게 시사하는 점

공개 시장에서 주식을 매수하는 행위는 매수 가능한 주식 수를 줄이고 잔여 발행 주식의 가치를 높임으로써 주가에 긍정적인 영향을 미칩니다. 주가안정화 프로그램은 공모 이후에 주가의 변동성을 줄여주고 시장으로 하여금 매수자와 매도자 간의 균형점을 찾을 수 있게 합니다. 하지만 그러한 프로그램은 내부자가 주가가 하락할 것을 예상하고 상대적으로 높은 가격에서 매매하거나 향후 주가가 상승할 것을 예상하고 상대적으로 낮은 가격에서 매수할 기회를 줄 수도 있습니다.

고려할 사항

자사주매입 및 주가안정화 프로그램을 검토할 때, 투자자는 다음 사항을 파악해야 합니다.

- **프로그램의 *의도*.** 투자자는 이사회가 매입 주식을 다음의 목적으로 활용하려고 하는지 파악해야 합니다. (1) 장기 가치를 제고하기 위해 발행 주식 수를 줄이려는 목적, (2) 경영진 스톡옵션의 향후 행사에 대비한 자금 조달 목적, (3) 적대적 인수를 방지하려는 목적. 투자자의 관점에 따라 이러한 프로그램은 장기적 주가에 도움이 될 수도, 해가 될 수도 있습니다. 예를 들어, 채권투자자는 현금을 활용하여 주식을 재매입하는 행위는 해당 회사의 채무 상환 능력에 해가 된다고 판단할 수 있습니다.[12] 반대로 주식투자자는 그러한 조치가 가치에 유리하다고 판단할 수 있습니다.

- **프로그램의 *규모 및 자금 조달*.** 이러한 정보, 그리고 회사가 그러한 매입에 대한 자금 조달을 위해 경영 활동을 통해 내부에서 창출된 현금을 활용하려 하는지 아니면 채권을 발행하려 하는지 여부에 대한 공시는, 그러한 프로그램이 어떻게 회사의 주가에 영향을 미칠 것인지 주식투자자가 판단하는 과정에 도움이 될 수 있습니다.

또한 투자자는 다음 사항을 검토해야 합니다.

- **프로그램의 *진행 상황에 대한 정기 업데이트*.** 특히, 투자자는 공개시장에서의 주식 매입 가격, 매입한 주식 수, 현재까지 매입한 주식의 누적 수량, 현재까지의 평균 매입가격을 검토해야 합니다. 이러한 정보를 바탕으로 투자자는 해당 프로그램의 완료 시점 및 그것이 주가에 어떠한 영향을 미칠 것인지를 예상할 수 있습니다. 또한 이를 바탕으로 투자자는 해당 프로그램이 계획에 따라 진행되고 있는지, 아니면 그 범위 및 비용 측면에서 원래의 의도를 넘어서고 있는지 판단할 수 있을 것입니다.

---

12) 사채약관은 회사가 자사주매입 프로그램 개시 전에 미상환 채무증권을 상환하거나 채권 보유자들로부터 면제(waiver)를 확보할 것을 요구할 수 있습니다.

■ *주가안정화 조치와 관련된 공시.* 공모 주식에 투자하기 전에, 투자자는 회사가 그러한 주가안정 서비스를 활용하려 하는지 판단해야 하며, 그 이후에는 해당 프로그램을 기반으로 매수 및 매도된 주식의 수, 매입 및 매도 평균가격, 그러한 활동이 종료된 시기에 대한 업데이트를 검토해야 합니다. 이러한 정보는 회사 및 회사의 자문가들이 제안에 따라 행동했는지, 아니면 의도되지 않거나 공개되지 않은 활동을 했는지 암시해줄 것입니다.

자사주매입 및 주가안정화 프로그램에 대한 정보를 찾을 수 있는 곳

대부분의 경우, 회사의 연간 및 분/반기 보고서는 자사주매입 프로그램에 대한 정보를 제공합니다. 공모와 관련한 주식발행 보고서에는, 주가안정화 활동에 대한 초기 정보가 포함되어 있을 것입니다. 연간 및 분/반기 재무 보고서는 주가안정화 프로그램의 결과를 나타낼 것입니다.

투자자는 공모와 관련한 주식발행 보고서를 살펴봄으로써, 공모 시점에 회사가 대리인을 활용하여 주식발행 이후에 주가안정화 서비스를 하려 했는지 파악해야 합니다.

특별히 관심을 가져야 할 것은 주가안정화 이후의 공시입니다. 유럽연합의 경우, 시장남용지침Market Abuse Directive에 따라 기업은 다음 사항을 공개할 의무가 있습니다. (1) 주가안정화 활동이 실행되었는지 여부, 그리고 실행된 경우, (2) 해당 프로그램의 개시일 및 종료일, (3) 그러한 활동이 실행되었을 때의 가격 범위. 궁극적인 공시는 발행기관 또는 주간사에서 이루어집니다.

현재 SEC는 유럽연합처럼 주가안정화 이후 공시를 강제하지는 않지만, 그러한 정책의 도입을 고려하고 있습니다. 현재 나스닥은 이러한 목적의 주문에 대해 시장

조성자들이 특별 기호를 부여할 것을 요구합니다. 기타 거래소는 해당 호가가 주가 안정화 프로그램의 일부라는 사실을 주간사가 거래소에 통지하고 해당 호가의 상대방에게 공개할 것을 요구합니다. 다른 여러 관할권의 경우, 주가안정화 이후 공시는 반드시 해당 회사 및 거래소만을 대상으로 이루어져야 합니다.

경영진과 주주 간 의사소통

투자자는 경영진이 주주와 의사소통하는 수준, 그리고 주주가 경영진과 대면할 수 있는지를 평가해야 합니다.

경영진과 주주 간 의사소통을 검토해야 하는 이유

주주들과의 소통 수준은 경영진 및 이사회가 외부 의견에 얼마나 개방적인지 보여 줍니다. 또한 주주는 제공된 정보의 질을 더욱 잘 평가하기 위해 경영진과 주주 간 의사소통의 질도 평가해야 합니다.

투자자에게 시사하는 점

이사회와 주주 간 의사소통을 논의했을 때와 마찬가지로, 투자자는 기업 경영진이 모든 주주와 대면할 시간이나 자원은 없다는 사실을 이해해야 합니다. 하지만 경영진은 주주가 우려사항을 경영진에게 전달할 방법이 확립되도록 함으로써, 주주들이 제기한 적절한 우려사항을(기존에 확인되거나 다루어지지 않았을 수 있는) 파악할 수 있도록 해야 합니다.

경영진은 모든 주주에게 제공되지 않은 정보를 특정 주주에게 제공해서는 안 되지만, 주주의 제안 및 우려사항을 열린 마음으로 받아들여야 합니다.

고려할 사항

대부분의 대기업은 경영진과 개별 주주들 간 의사소통 업무를 다루기 위해 사내 IR 팀 또는 외부 IR 전문가를 고용합니다. 이러한 방식은 투자자가 경영진과 소통할 수 있는 최선의 방식일 것입니다. 개별 주주는 연례 주주총회 외에는 경영진과 직접 대면할 수단이 거의 없습니다.

원하는 유형의 의사소통을 경영진으로부터 이끌어 내기 위해 주주는 다음 조치를 취해야 합니다.

■ 회사가 전략 및 장기적 비전에 대한 의미 있는 의사소통을 자주 해줄 것을 권장합니다(전략적 목표달성을 위한 회사의 진행 상황을 반영하는 투명한 재무적, 비재무적 보고 포함).

■ 회사의 모든 의사소통에, 장기적 기업 전략에 대한 설명을 포함해줄 것을 권장합니다.

■ 회사가 경영상 지표의(예를 들어, 부채비율, 재고회전율, 유동비율, 매출 성장률) 중요한 변화를 공시하고 이를 설명할 것을 권장합니다.

경영진과 주주 간 의사소통의 대부분은 회사의 연차보고서, 연례 주주총회, 실적 발표, 실적 컨퍼런스 콜, 컨퍼런스 프레젠테이션 등의 정해진 수단을 통해 이루어 집니다.

경영진과 접촉하는 기관투자가와 애널리스트는 개인투자자들에 비하면 회사의 IR 담당자, 비서실 또는 이사회 구성원, 경영진과의 기존의 개인적 관계를 통해 경 영진과 접촉할 수 있을 가능성이 높습니다. 주주는 회사가 정보를 애널리스트 커뮤 니티뿐만 아니라 일반 투자자들에게도 공개하도록 요구되는지 여부를 파악하는 것 이 좋습니다.

재무 보고, 기업 거버넌스, ESG 보고

투자자는 기업 거버넌스 및 ESG 이슈에 대한 보고, 재무 보고의 수준과 질을 평가 함으로써 회사가 적시적이며 투명한 정보를 제공하고 있는지 판단해야 합니다.

재무 보고, 기업 거버넌스, ESG 보고를 검토해야 하는 이유

수많은 투자자는 재무 보고서에 대한 분석 외에도 기업 거버넌스 및 ESG 이슈에 대한 보고의 수준과 깊이를 통해 경영진 및 이사회의 질을 간접적으로 판단합니다. 상기 이슈를 잘 정리하는 경영진과 이사회가 회사의 장기적 지속가능성도 잘 관리 한다고 간주하는 것입니다.

투자자에게 시사하는 점

회사의 재무 상태에 대한 전통적인 보고는(대차대조표, 손익계산서, 현금흐름표) 투자자가 회사의 건전성을 판단하는 주요한 잣대입니다. 이러한 분석은 회사의 거버넌스 및 ESG 정책에 대한 적절한 검토와 함께 회사가 직면하고 있는 리스크 및 기회에 대한 전체적 그림을 제시합니다.

고려할 사항

재무, 기업 거버넌스, ESG 보고를 평가할 때, 주주는 다음 사항을 고려해야 합니다.

- 재무 보고 규준이 국제 모범 규준과 부합하는지 여부

- 기업 거버넌스 공시와 관련한 비재무적 보고 기준이 국제 모범 규준과 부합하는지 여부

- 회사가 ESG 및 지속가능성 이슈와 관련한 공식적인 정책을 갖추고 있는지 여부

- ESG 및 지속가능성 관련 공시에 대한 비재무적 보고 기준이 국제 모범 규준과 부합하는지 여부(예를 들어, 연차보고서에 ESG 또는 지속가능성 조항이 포함되어 있거나, 회사가 별도의 글로벌 보고 이니셔티브 또는 지속가능성 보고서를 작성함)

- 분기별 보고가 의무적인지 여부

- 재무 보고서가 명확하며 유용한지 여부

- 주주가 회사 주식의 5% 이상을 보유한 경우에 회사가 이를 공시하는지 여부

- 회사가 이사들과 지배 주주의 주식 매매 사실을 3 영업일 내에 공시하는지 여부

- 기업이 이해하기 쉬운 전자 형식(XBRL 등)을 활용하여 정보를 공시하는지 여부

재무 보고서 및 기업 거버넌스에 대한 정보를 찾을 수 있는 곳

재무 정보는 회사 연차보고서의 일반적인 부분에 나와 있을 것입니다. 거버넌스 및 ESG 정보는 회사의 웹사이트, 별도의 지속가능성 또는 ESG 보고서 또는 심지어 연차보고서(해당 회사가 통합 보고 체계를 채택한 경우) 등 각기 다른 다수의 자료에 나와 있습니다.

감사 규준

투자자는 기업의 재무 정보가 정확한지와 회사의 건전성을 잘 반영하고 있는지를 판단하기 위하여 회사의 재무 상태에 대해 실시된 회계감사의 질을 평가해야 합니다.

감사 규준을 검토해야 하는 이유

감사가 부정 의혹 또는 문제점을 제기한 경우에 투자자는 이를 추가로 신중하게 검토함으로써, 그러한 이슈가 향후 회사에 부정적 영향을 미칠 수 있는지 판단해야 합니다.

고려할 사항

회사의 감사 규준을 평가할 때, 주주는 다음 사항을 고려해야 합니다.

■ 회사가 효율적이고 독립적인 감사위원회를 갖추고 있는지 여부

■ 지난 5년간 회사가 외부 감사의 독립성에 대한 의문을 유발하는 거래에 연루되었는지 여부

■ 감사 규준이 국제 기준과 부합하는지 여부

■ 외부 감사들이 감사 결과와 관련하여 보고서에서 적절히 의문을 제기하고 설명하는지 여부

■ 회사가 사업을 영위하는 시장에 독립적 감사 규제기관이 있는지 여부, 또한 없는 경우에 감사 기준은 국제 모범 규준을 따르고 있는지 여부

감사에 대한 정보를 찾을 수 있는 곳

이러한 정보는 감사보고서에서 찾을 수 있으며, 일반적으로 회사 연차보고서의 재무제표 이전에 나옵니다.

주주의 권리

증권의 가치는 해당 회사의 미래 실적과 관련한 배당 요구뿐만 아니라 해당 증권과 연관된 권리에 의해서도 정해집니다. 보통주와 관련된 권리 중에는, 이사회 구성원을 선출할 권리 및 주주 보유 지분의 가치에 영향을 미칠 만한 사안(인수합병 등)에 대해 투표할 권리도 있습니다. 기타 권리로는 보유 주식을 한 명 또는 제한된 수의 이사 후보자에게 집중 투표할 권리, 사람들을 이사회 후보자로 추천할 권리, 회사 운영의 변화를 제안할 권리 등이 포함될 수 있습니다.

주주는 모든 경우에 이러한 권리를 다 가질 수는 없으며, 행사 가능한 이러한 권리들을 행사하는 것이 항상 용이한 것도 아닙니다. 예를 들어, 일부 지역의 회사는 일정에 명시된 주주총회에 참석한 주식 보유자에게만 의결권을 부여할 수도 있습니다. 또한 회사는 주주의 투표권 행사 대가로, 연례 주주총회 이전에 일정 기간 동안 매매하는 것을 금지할 수 있는 경우도 있습니다. 그 외에, 개인과 기관들이 기밀 투표를 할 수 없는 경우도 있습니다. 그 외에, 설립자 가문 구성원이나 정부기관 주주는, 초의결권을 부여해 주는 특별 주식 클래스의 보유 또는 피라미드식 통제 구조를 통해, 회사의 사안에 대해 막강한 영향력을 미칠 수도 있습니다.

주주는 일부 경우에 상황을 바로잡을 권한을 가질 수도 있지만, 그러한 구제 방법이 항상 유효하지는 않습니다. 또한 현지 법과 규제가 법적 또는 규제적 보상을 해줄 수도 있습니다.

이러한 이슈는 주식 투자자뿐만 아니라 채권 투자에 관심이 있는 투자자에게도 관심 사안입니다. 예를 들어, 특정 클래스의 주식 및 주주들에게 초의결권을 부여하는 회사는 신규 사업기회에 대한 투자 자금 조달을 위해 역사적으로 지분금융보다 부채금융을 더 많이 활용해왔습니다.[13] 이러한 전략은 회사의 재무 리스크를 증가시킬 수 있으며, 궁극적으로 채무 불이행 가능성이 커질 수 있습니다.

투자자는 고려 중인 증권에 어떠한 특정 권리가 동반되는지 파악하고, 그러한 정보를 투자 결정에 반영해야 합니다. 그렇게 함으로써, 가치 감소 및 저조한 투자 성과를 유발하는 상황을 회피할 수도 있습니다. 주주 권리 기준, 그 권리의 기반이 되는 법적, 규제 환경은 각 시장마다 다릅니다. 따라서 주주는 각 시장에서의 자신의 권리를 파악하기 위해 반드시 정보를 적극적으로 찾아봐야 합니다. 이러한 이유 때문에 당사는 부록 A에 기업 거버넌스 코드 목록을, 부록 B에 스튜어드십 코드 목록을 첨부했습니다.[14]

다음은 투자자가 다양한 회사의 주주 권리를 평가할 때 고려해야 할 이슈를 논의한 것입니다.

---

13) 2003년 12월에 Paul A. Gompers, Joy L. Ishii, Andrew Metrick이 발표한 연구 결과에 의하면, 두 개의 보통주 클래스를(의결권과 현금흐름 권리를 분리) 보유한 회사는 결과적으로 저조한 투자 및 낮은 가치를 보였습니다. Gompers, Ishii, Metrick, 인센티브 vs. 통제: 미국의 차등의결권주식 기업들에 대한 분석('Incentives vs. Control: An Analysis of U.S. Dual-Class Companies,') *NBER Working Paper No. w10240*, National Bureau of Economic Research (2004년 1월) 참조, https://papers.ssrn.com/sol3/papers.cfm?abstract_id=492353.

14) *각 시장의 주주 권리(Shareowner Rights across the Markets)* 참고.

주주 투표

회사는 주주가 투표할 수 있는 방식에 적용되는 몇 종류의 규정을 두고 있습니다. 이 조항은 소유구조 및 의결권, 대리 투표, 기밀 투표 및 투표 집계, 집중 투표, 기타 기업 변화에 대한 투표, 주주 제안 등을 포함하여 투자자가 알아야 할 주주 투표의 측면들을 살펴봅니다.

소유구조 및 의결권

투자자는 회사의 소유구조를 조사하여, 주식의 의결권을 그 경제적 가치와 분리하는 각기 다른 주식 클래스들이 있는지 파악해야 합니다.

회사의 소유구조를 검토해야 하는 이유

1주당 1의결권을 부여하는 회사는 모든 주주의 이해관계 일치를 고려하고 이를 위해 행동하는 이사회가 있을 가능성이 더 높으며, 1주 1의결권 기준은 대부분의 해외 기업 거버넌스 코드 및 표준에서 모범 규준으로 간주합니다. 반대로, 대부분 또는 모든 의결권이 한 클래스의 주주들에게 부여되는, 몇몇 상이한 주식 클래스들이 존재하는 회사는 경영진과 이사회가 상기 특혜 주주에게 지나치게 집중하고 회사의 이해관계에는 집중하지 않는 상황을 유발할 수 있습니다. 일반적으로, 현금흐름 권리와 의결권이 동일해야 주주의 이익에 가장 도움이 됩니다. 차등의결권 또는 복수 의결권 주식이 존재하는 회사는 현금흐름 권리(모든 주주에게 혜택)와 의결권(더 많은 의결권이 주어진 특정 주주들에게 유리함) 간에 괴리가 발생하는 경우가 자주 있습니다.

투자자에게 시사하는 점

이 매뉴얼 2판을 발간한 이후 차등의결권 주식 구조는 미국, 프랑스, 홍콩, 싱가포르에서 더 널리 수용되고 더 많이 활용되게 되었습니다. 따라서 주주 자신이 어떠한 의결권을 보유하고, 어떠한 의결권을 보유하지 않고 있는지 이해하는 것은 매우 중요합니다. 차등의결권 주식 구조의 증가세에 대응하여, 일부 지수 제공기관들은 1주 1의결권 원칙이라는 모범 규준에서 지나치게 벗어나는 회사들에게는 지수에 편입되는 것을 제한할 수도 있다고 언급한 바 있습니다. 차등의결권 주식 이슈에 대한 또 하나의 움직임은 일부 회사의 미래 이정표 또는 특정 일자에 차등의결권 주식 구조를 단계적으로 없애거나 전격적으로 없애는 '일몰조항'의 채택입니다.

고려할 사항

회사의 소유구조를 분석할 때, 투자자는 다음 사항을 고려해야 합니다.

- 회사에 상이한 클래스의 주식들이 존재하는지, 그렇다면 이들 간에 의결권이 어떻게 다른지 여부

- 회사의 정관 또는 부칙에 보유 주식의 의결권이 낮은 주주의 권리와 이해관계를 보호하는 안전장치가 있는지 여부

- 회사가 최근에 정부 또는 정부기관에 의해 민영화되었는지, 그렇다면 매각 주체인 정부가 경영진 및 이사회의 일부 결정을 거부할 수 있는 의결권을 유지했는지 여부. 그러한 경우, 정부에서 주주가 보유 주식의 완전한 가치를 누리는 것을 방해할 수도 있습니다.

■ 특정 클래스의 주주에게 부여된 초의결권이 회사가 미래 투자를 위해 자본을 조달할 가능성을 약화시켰는지 여부. 투자자는 하위 주식 클래스가 매력이 없다고 판단할 수도 있는데, 이는 기업이 채권 자본 조달 및 레버리지 증가 외의 수단으로 미래 성장을 위한 자금 조달 역량에 해가 될 수 있습니다.[15]

■ 주주가 복수 의결권 주식 구조 및 경영진 책무에 영향을 미치는 기타 거버넌스 규준을 바꿀 역량이 제한되어 있는지 여부

회사에 두 종류 이상의 주식 클래스가 있는지에 대한 정보를 찾을 수 있는 곳

일부 관할권 및 일부 회사의 경우, 투자자는 주주 대상의 연간 의결권위임요청서에서 상이한 주식 클래스에 대한 정보를 찾을 수 있습니다. 회사의 웹사이트에도 보통주 클래스 간의 차이점에 대한 설명이 있을 가능성이 크며, 회사의 정관, 연간 및 중간 재무 보고서, 주식발행 보고서, 의결권위임요청서에 대한 사이트 링크가 있을 수 있습니다.

일반투자자 대상의 보통주 IPO 또는 후속 공모와 관련된 주식발행 보고서에는 상이한 보통주 클래스들에 대한 논의가 포함되어 있을 가능성이 크며, 여기에는 어떠한 법인 또는 투자자그룹이 특정한 경영진이나 이사회 결정을 뒤집기에 충분한 의결권을 보유하고 있는지 여부도 포함됩니다.

재무제표에 포함된 주석(특히 연차보고서의 주석)에는 상이한 보통주 클래스의 존재 여부가 공개되어 있을 가능성이 높습니다.

---

15) 각 시장의 주주 권리(Shareowner Rights across the Markets) 참조.

대리 투표

투자자는 주주가 주주총회에 직접 참석할 수 있는지 여부와 무관하게, 예정된 주주 총회 이전에 투표하는 것을 회사가 허용하는지 파악해야 합니다.

회사의 의결 규정을 평가해야 하는 이유

보유 주식으로 투표할 수 있는 역량은 주식 소유의 기본적 권리입니다. 하지만 일부 관할권의 경우, 주주가 보유 주식으로 투표하는 것이 어려울 수도 있는데, 이 는 해당 회사가 연례 주주총회에서의 투표만 수용하고, 주주들에게 대리 투표 또는 전자 투표를 할 권리는 부여하지 않기 때문입니다.

투자자에게 시사하는 점

주주가 보유 중인 보통주로 투표하는 것을 어렵게 함으로써, 회사는 주주가 이사 회 구성원을 선택하거나 또는 회사의 방침을 변화시킬 수도 있는 계획에 대해 의견 을 표현할 수 있는 가능성을 제한할 수 있습니다.

고려할 사항

회사가 대리 투표를 허용하는지 검토하는 과정에서, 투자자는 회사가 다음 사항 에 해당되는지 고려해야 합니다.

- 주주의 의결권 행사 조건으로 연례 주주총회 참석을 요구함으로써, 주주의 투 표 역량을 제한하는지 여부

- 연례 주주총회 시기를 해당 지역의 다른 회사와 조정함으로써, 이들 모두 주주 총회를 동일한 날짜에 각기 다른 장소에서 개최하는지 여부. 일부 지역에서는 주주가 의결권 행사를 위해 해당 주주총회에 반드시 참석해야 하는데, 상기 조 치는 주주가 모든 주주총회에 참석하는 것을 방해하려는 시도이며, 따라서 의 결권 행사를 방해하게 됩니다. 파키스탄의 경우, 회사가 연례 주주총회 날짜를 상호 간에 일치시키고 주주의 투표권을 박탈하는 행위를 방지하기 위해, 회사 는 반드시 주주총회 날짜를 증권규제 당국에 제출하여 승인을 받아야 합니다.

- 종이투표지, 전자 투표, 대리 투표 서비스 또는 기타 원격 메커니즘을 통한 대 리 투표를 허용하는지 여부

- 국가의 거버넌스 코드에 의해, 의결권을 행사하고자 하는 투자자가 연례 주주 총회 이전에 일정 기간 동안 주식을 매매하지 못하도록 주식 매매 금지가 허용 되는지 여부(이를 통해 회사와 금융기관은 누가 주식을 소유하고 있는지 확인이 가능해짐)

- 위임장 날짜와 실제 연례 주주총회 사이에 투표 결정을 철저히 검토하고 투표 를 행사하기에 충분한 시간을 주주들에게 주는지 여부. 일부 시장의 경우, 주주 는 그러한 투표 결정을 내릴 시간이 며칠 또는 몇 주만 주어지며, 이는 현지 시 장 내의 투자자만큼 신속하게 투표를 행사할 수 없을지도 모르는 외국인 투자 자의 투표를 매우 어렵게 합니다.

회사의 대리 투표 규정에 대한 정보를 찾을 수 있는 곳

투자자는 회사의 정관 및 부칙을 검토함으로써, 주주가 보유 주식으로 투표를 할 수 있는 메커니즘을 파악할 수 있습니다. 또한 투자자는 회사의 기업 거버넌스 성 명을 검토하여, 대리 투표가 허용되는지 여부에 대한 정보를 찾을 수도 있습니다.

미국과 캐나다의 경우, 의결권위임요청서는 주주가 대리 투표를 통해 투표권을 행사할 수 있는 메커니즘을 서술하고 있습니다. 또한, 미국의 주 회사법과 캐나다의 주 증권 법령은 대리 투표 관련 이슈를 규제하고 있습니다. 따라서, 투자자는 회사에 적용되는 대리 투표 규정을 검토하기 위해 해당 회사가 설립된 지역을(일반적으로 정관에 명시됨) 파악해야 할 수도 있습니다.

기밀 투표 및 투표 집계

투자자는 주주의 기밀 투표가 허용되는지 파악해야 합니다.

주주가 기밀 투표를 할 수 있는지 파악해야 하는 이유

이사회 구성원과 경영진이 주주가 어떻게 투표했는지 알아보지 않을 것이라고 확신하는 경우, 주주는 양심적으로 투표할 가능성이 더 높습니다.

투자자에게 시사하는 점

투표의 기밀성이 보장되면 모든 투표가 동일하게 집계되며, 이사회 구성원과 경영진은 투표 결과가 공식적으로 기록되기 전까지는 자신과 내부자의 지위에 반하는 투표를 한 개인과 기관에 투표를 다시 요청할 수 없게 됩니다.[16]

---

16) 공동 출자 펀드의 경우, CFA Institute는 해당 펀드가 *수익자*들을 대리하여 각 회사의 주식을 투표한 내역을 투자자들에게 공개해야 한다는 입장을 취하고 있습니다. 그러한 공개는 해당 투표를 경영진 및 이사회에게 공개하는 것과는 다른데, 이는 해당 펀드가 투표 기록을 수익자(이들을 대리하여 펀드가 행동을 취함)에게 공개하는 것이기 때문입니다.

고려할 사항

주주가 익명으로 투표할 수 있는지 검토할 때, 투자자는 다음 사항을 고려해야 합니다.

- 회사가 주주 투표의 집계 목적으로 제3자 기관을 활용하는지 여부

- 회사 또는 그 제3자 대리인이 투표 기록을 보관하는지 여부

- 회사가 연례 주주총회 투표 결과의 '적시적 공시'(투표 이후 즉각 또는 1-2일 이후)를 제공하는지 여부

- 회사 또는 그 제3자 대리인이 실시한 투표 집계가 정확성을 위해 감사 절차를 밟는지 여부

- 주주는 일정에 명시된 주주총회에 참석한 경우에만 투표하는 것이 허용되는지 여부(이 이슈에 대한 논의를 보려면, '대리 투표' 조항을 참고하시기 바랍니다)

의결권의 기밀성에 대한 정보를 찾을 수 있는 곳

투자자는 회사의 부칙 또는 정관을 검토하여 주주 투표의 개표 및 집계 절차를 파악해야 합니다.

최근 한국에서 중단되었지만 기타 관할권에서는 여전히 유효할 수도 있는 투표 관행은 '섀도우 보팅$_{shadow\ voting}$' 또는 '미러 보팅$_{mirror\ voting}$'입니다. 섀도우 보팅 제도하에서는 연례 주주총회의 특정 투표의 결과를 모든 주주를 대상으로 외삽하여 최소 투표 요건을 충족하게 됩니다.

집중 투표제도

투자자는 주주가 보유 주식에 할당된 집중 투표 의결권을 한 명 또는 제한된 수의 이사 후보자에게 투표할(집중 투표) 수 있는지 파악해야 합니다.

회사가 집중 투표제도를 어떻게 다루는지 파악해야 하는 이유

집중 투표제도는 주주들이 하여금 의결권을 한 명의 이사 후보자에게 집중할 수 있도록 해주며, 소수 주주의 의결권을 강화해 주는 주주친화적 의결 구조로 간주됩니다.

투자자에게 시사하는 점

집중 투표제도를 활용할 권리가 주어지면 주주는 선호 후보자가 이사회 구성원으로 선출될 가능성을 확대하는 방식으로 투표할 수 있습니다.

고려할 사항

회사가 집중 투표제도를 어떻게 다루는지 평가하는 과정에서 해당 회사에 집중 투표를 통해 다른 주주의 이해관계에 해를 입히면서 자신의 특정 이해관계를 대변하는 이사를 선출할 역량을 가질 수 있는 중요한 소수 주주 그룹(설립자 가문 등)이 있는지 여부를 투자자가 고려해야 합니다.

회사가 집중 투표제도를 허용하는지에 대한 정보를 찾을 수 있는 곳

정관과 부칙은 회사가 주주 이니셔티브와 권리를 어떻게 다루는지에 대한 정보를 제공하는 경우가 많습니다. 상장회사가 현지 규제 당국에 반드시 제출해야 하는 주식발행 보고서에는 일반적으로 주주가 의결권을 행사할 수 있는 상황이 서술되어 있습니다.

미국의 경우, 투자자는 상장회사가 SEC에 반드시 제출해야 하는 Form 8-A에서 회사의 보통주에 부여되는 권리에 대한 설명을 참고할 수 있습니다.

기타 기업 변화에 대한 투표

투자자는 주주들과 회사 간 관계를 변화시킬 가능성이 있는 기업 구조 및 정책 변경을 주주가 승인할 권리가 있는지 판단해야 합니다.

기업의 변화에 대한 주주의 의견을 고려해야 하는 이유

일부 기업 구조의 변화는 해당 회사의 증권과 관련된 가치, 지분율, 권리에 영향을 미칠 가능성이 있습니다. 주주가 검토해야 할 주요 이슈는 회사의 다음 사항에 변화를 가져올 수 있는 주주의 역량입니다.

- 정관

- 부칙

- 거버넌스

- 의결권 및 메커니즘

- 포이즌필 ('Poison Pills', 적대적 M&A나 경영권 침해 시도가 발생할 경우 기존 주주에게 시가
  보다 싼 가격에 지분을 매입할 수 있도록 미리 권리를 부여하는 제도)

- 계약 당사자의 경영권 변동에 관하여 계약 상대방에게 어떠한 보호책을 부여
  하는 규정

- 이사회 구성원(이사회 선출에 이의를 제기하거나 이사 후보를 추천함)

- 인수합병 및 자산 청산

투자자에게 시사하는 점

회사의 부칙 또는 정관에 대한 일부 변경은 해당 회사에 대한 주주의 이해관계에
영향을 미칠 수 있습니다. 예를 들어, 기업 인수 방어 메커니즘의 도입 또는 수정으
로 인해 기업 인수가 잠재적 인수자의 입장에서 지나치게 비싸질 수 있으며, 이에
따라 주주가 보유 주식에 대해 높은 시장 가치를 누릴 기회가 박탈될 수도 있습니
다. 마찬가지로, 경영진과 직원들에게 대규모 스톡옵션을 제공하는 경우, 주주의 승
인 없이 기존 주주가 보유한 주식의 가치가 희석되는 동시에 회사의 자원이 내부자
에게 재분배될 가능성이 있습니다. 주주는 그러한 옵션 부여가 장기 리스크에 대한
고려 없이 단기 목표를 지나치게 강조하는지 고려해야 합니다.

고려할 사항

어떠한 이슈에 주주 승인이 필요한지 검토할 때, 투자자는 주주가 다음 사항에 해당되는지 파악해야 합니다.

■ 제3자 매수인을 대상으로 회사 또는 그 상당 부분을 매각하는 건에 대해 투표할 기회가 있는지 여부. 투자자는 연간 매출의 10% 이상 증가 또는 감소를 유발할 가능성이 있는 주요 인수 및 사업 분할에 대해 주주가 투표할 기회가 있는지 고려하는 것이 바람직합니다.

■ 임원 보상의 특정 측면에 대해 투표할 권리가 있는지 여부('임원 보상' 조항 참고)

■ 이사 선거에서 이사들의 입장에 반하는 표를 던질 권리가 있는지 여부

■ 새로운 기업 인수 방어 수단을 승인하거나 기존 수단을 없애거나 포기할 권리가 있는지 여부. 그리고 그러한 수단들이 주주들에 의한 정기적 검토 및 유지의 대상이 되는지 여부('기업 인수 방어' 조항 참조)[17]

■ 회사의 부칙, 정관 또는 기타 거버넌스 문서의 개정에 대해 초다수 결의를 요구하는 규정들을 정기적으로 재고하고 재투표할 수 있는지 여부. 이러한 초다수 결의 요건은 회사가 성장하는 과정에서 특정 시기에 원치 않는 변화를 더욱 어렵게 하는 목적에는 유용했을 수 있지만, 회사의 발전을 고려할 때 더 이상 동일 목적에 도움이 되지 않을 수도 있습니다. 그러한 조항들은 주주 대다수가 지지하는 변화 건도 통과를 어렵게 할 수 있습니다.

---

17) 기업 인수 방어 수단은 주주에게 이익이 될 수도, 경영진 고착화로 이어질 수도 있으므로, 투자자는 기업 인수 방어 수단의 내역을 파악해야 합니다.

- 다음과 같은 요소의 변화에 대해 투표할 수 있는지 여부
  - 정관
  - 부칙
  - 거버넌스
  - 의결권 및 메커니즘

- 투자자는 다음 이슈를 검토함으로써, 주주가 이 사항에 대해 투표할 수 있는지, 그리고 어떠한 조건에서 투표할 수 있는지 파악해야 합니다.
  - 자사주매입 프로그램, 특히 그 목적이 주식 기반 보상의 자금 조달인 경우 ('자사주매입 및 주가안정화 프로그램' 조항 참조)
  - 정관 또는 부칙의 수정, 추가 또는 폐지
  - 신규 주식자본의 발행(보통주 및 보통주로 전환되는 상품 포함)

기업의 특정 변화와 관련하여 주주의 승인이 필요한지에 대한 정보를 찾을 수 있는 곳

회사는 표결을 요하는 특정 이슈에 대한 정보를 연례 주주총회 관련 공시를 통하거나 특별 주주총회 관련 공시를 통해 주주들에게 제공하는 경우가 많습니다.

일반적으로 회사는 주주의 승인이 필요한 이슈에 대한 정보를 회사의 부칙 및 정관에서 제공합니다. 또한 이러한 문서는 경영진과 이사회가 주주의 승인을 받지 않고 공석을 채울 수 있는지에 대한 정보도 제공합니다.

주주 제안

주주 제안은 일반적으로 이사 후보 추천 및 이사회 결의의 두 가지 유형이 있습니다. 모든 주주 제안에서 한 가지 중요한 문제는 해당 제안이 의무사항인지, 아니면 단순히 권고사항인지 여부입니다.

주주의 이사 추천

투자자는 어떠한 상황에서 주주가 이사 후보자를 이사회에 추천하거나 자신들의 추천자를 대리 투표 표결Proxy Ballot에 부치는 것이 허용되는지, 그리고 어떠한 상황에서 그렇게 할 수 있는지 판단해야 합니다.

주주가 이사 후보자를 제안할 수 있는지 파악해야 하는 이유

주주가 한 명 이상의 개인을 이사회 후보로 추천할 수 있는 권리는, 일부 시장에서 주주가 보유하고 있는 권리이지만 다른 시장에는 해당되지 않습니다. 이러한 '이사후보추천권Proxy Access'은 특정한 보유 지분 기준을 충족하는 주주들로 하여금 연례 주주총회 투표용지에 한 명 이상의 이사를 제안할 수 있게 합니다. 이사회와 경영진이 기존 문제들을 해결하고 회사의 실적을 개선하지 못하는 경우, 주주는 이러한 권리를 활용하여 자신들의 후보를 이사회 후보로 추천함으로써 최소한 한 명의 후보가 기존 이사회로부터 독립적일 수 있도록 합니다.

투자자에게 시사하는 점

주주가 이사회 구성원을 추천할 권리가 있는 경우, 주주의 우려를 해소하기 위한 조치를 취할 것을 이사회 또는 경영진에게 요구할 수 있습니다.

고려할 사항

주주가 후보자를 이사회 후보로 추천할 수 있는지 여부를 평가하는 과정에서, 투자자는 다음 사항을 파악해야 합니다.

- 어떠한 상황에서 주주가 이사회 구성원을 추천할 권리가 있는지, 그리고

- 2인 이상 후보가 있는 이사회 선거를 회사가 어떻게 다루는지. 일부 회사, 특히 미국과 캐나다 회사의 경우, 단일 후보자에 대한 찬성 투표는 경쟁자 없는 후보가 이사로 선출되기에 충분한 조건입니다. 주주가 추천한 후보가 둘 이상인 경우, 당선자를 결정하기 위한 다른 규칙이 적용됩니다.

개인을 이사회 후보로 추천할 수 있는 주주의 권리에 대한 정보를 찾을 수 있는 곳

연례 주주총회 통지서는 이사회 구성원 선출과 관련된 정보를 제공합니다. 또한 정관과 부칙은 회사가 주주 발의와 주주 권리를 어떻게 다루는지에 대한 정보를 제공하는 경우가 많습니다. 미국의 경우, 투자자는 회사의 연간 의결권위임요청서를 살펴볼 수 있습니다.

주주의 제안에 대한 의결

투자자는 주주가 회사 연례 주주총회에서 검토할 수 있는 제안을 제출할 수 있는지, 어떠한 상황에서 그렇게 할 수 있는지를 파악해야 합니다.

주주가 기업 이니셔티브를 제안할 수 있는지 파악해야 하는 이유

투자자는 이사회와 경영진이 기업의 기존 문제를 해결하거나 회사의 실적을 개선하지 못하는 경우에 무엇을 할 수 있는지 알고 있어야 합니다. 또한 투자자는 특정 이해관계나 편향성이 있는 외부 기관 또는 개인이 회사의 활동에 얼마나 영향을 미칠 수 있는지 파악해야 합니다. 필요한 변화를 제안할 수 있는 능력은 주주 가치의 약화를 방지할 수 있습니다.

투자자에게 시사하는 점

회사의 연례 주주총회에서 검토할 이니셔티브를 제안할 수 있는 권리는, 주주가 이사회 또는 경영진이 하나 이상의 사안을 다루는 방식에 만족하지 못한다는 메시지를 전달할 수 있는 하나의 방법입니다. 해당 제안이 압도적인 수의 투표를 받는 경우, 이는 이사회와 경영진으로 하여금 그러한 변화를 실행하도록 압박할 수 있습니다. 반대로 이러한 제안이 실패할 경우에는 경영진의 결정이 정당화됩니다.

고려할 사항

주주가 회사의 변화를 제안할 수 있는지 평가하는 과정에서 투자자는 다음 사항을 파악해야 합니다.

- 주주 결의가 통과되기 위한 조건으로 회사가 단순 다수결, 2/3 다수결 또는 기타 초다수결 표결을 요하는지 여부. 회사는 이사회 또는 경영진이 제안한 이니셔티브를 통과시키기 위한 조건으로 단순 다수결을 요할 수도 있습니다.

- 주주가 제안한 이니셔티브가 모든 주주의 장기적 이해관계에 도움이 되는지, 아니면 제안 주주의 편협한 이해관계를 대변하는지 여부

- 제안에 대한 통지를 연례 주주총회 날짜로부터 일정 기간 전에 할 것을 주주에게 요구하는 '사전 통지 조항'이 해당 관할권에 존재하는지 여부. 종종 그러한 사전 통지는 이사 후보자 추천과 관련이 있으며, 그러한 통지 요건은 해당 제안에 대한 통지를 연례 주주총회 날짜로부터 수개월 전에 회사에 할 것을 주주에게 요구하는 경우가 많습니다.

이니셔티브의 의결을 제안할 수 있는 주주의 권한에 대한 정보를 찾을 수 있는 곳

회사의 정관과 부칙은 기업이 주주의 제안을 어떻게 다루는지에 대한 정보를 제공하는 경우가 많습니다. 미국의 경우, 투자자는 회사의 연간 의결권위임요청서에서 대리 투표 관련 계획안의 제출 방법에 대한 정보를 찾아볼 수 있습니다.

권고사항 또는 의무사항인 주주 제안

투자자는 이사회와 경영진이 주주가 승인한 제안을 반드시 실행해야 하는지 여부를 파악해야 합니다.

주주 제안이 의무사항인지 파악해야 하는 이유

주주가 승인한 이니셔티브를 실행할 의무가 회사에 부과되지 않는다면, 이사회와 경영진은 관련 우려사항 및 기타 주주의 우려사항을 무시할 수도 있습니다.

투자자에게 시사하는 점

승인된 주주 제안 이니셔티브를 이사회와 경영진이 실행해야 한다는 요건은 이사회와 경영진으로 하여금 주주총회에서 승인된 바에 따라 조치를 취하도록 압박할 수 있습니다.

고려할 사항

주주 이니셔티브에 대한 회사의 규정을 검토할 때, 투자자는 다음 사항을 파악해야 합니다.

- 과거에 승인된 주주 제안을 회사가 실행했는지, 아니면 무시했는지 여부

- 부칙과 정관의 변경에 대한 승인 조건으로 회사가 초다수 결의를 요구하는지 여부

■ 승인된 주주 이니셔티브의 조건에 따라 조치를 취하도록 해당 국가의 규제 당
국이 회사에게 압박을 가했는지 여부

주주 제안의 집행 가능성에 대한 정보를 찾을 수 있는 곳

일반적으로 정관과 부칙은 주주 이니셔티브가 의무사항인지 여부에 대한 정보를
제공해 주며, 의무사항인 경우, 해당 조치의 집행에 필요한 다수결 규모도 제시합
니다. 또한 투자자는 회사의 본사가 위치한 관할권의 규제기관이 기타 사례에서 주
주 계획안을 집행하기 위한 조치를 취했는지 여부를 파악할 수도 있습니다.

기타 주주 권리 이슈

본 문서에서 논의된 이슈는 주주의 법적 권리, 기업 인수 방어, 기타 주주들의 행위 등입니다.

주주의 법적 권리

투자자는 회사의 본사가 위치한 관할권의 기업 거버넌스 코드 및 기타 법규에 따라 주주가 소유권을 보호 및 집행하려는 목적으로 법적 소송을 제기하거나 규제 조치를 요구하는 것이 허용되는지 파악해야 합니다.

주주가 이용 가능한 법적 구제책을 파악해야 하는 이유

회사가 주주 권리를 완전히 인정하지는 않은 상황에서, 주주는 소유권의 집행을 위해 법원이나 국가 규제기관에 의존해야 할 수도 있습니다.

투자자에게 시사하는 점

특정 관할권에서의 주주의 법적 권리에 따라 주주로서 그 권리가 침해된 경우에 법적 보상이 가능한지 여부가 결정됩니다.

고려할 사항

법적, 규제 당국 조치에 대한 현지 거버넌스 코드 및 법규를 검토할 때, 투자자는 다음 사항을 파악해야 합니다.

- 현지의 법령이 주주가 파생되는 법적 소송을 제기하는 것을 허용하는지 여부 (이는 주주가 회사를 대리하여 경영진 또는 이사회 구성원을 상대로 법적 소송을 제기하는 것을 허용함), 그러한 경우, 주주가 소송을 제기하기 위해 어떠한 조건이 충족되어야만 하는지

- 회사의 본사가 위치한 현지 관할권의 규제 당국이 기타 경우에 주주 권리를 집행하거나 주주 권리의 부인을 방지하기 위한 조치를 취한 적이 있는지 여부

- 주주가(개인적으로 또는 한 집단으로서) 경영진 또는 이사회를 대상으로 사기 혐의에 대한 법적 소송을 제기하거나 규제 당국의 조치를 요구하는 것이 허용되는지 여부

주주의 법적 및 규제 당국 구제책에 대한 정보를 찾을 수 있는 곳

회사의 본사 소재 현지 시장을 관할하는 규제 당국은 다양한 법적, 규제 관련 사안에서 주주가 활용할 수 있는 구제책에 대한 정보를 제공할 수도 있습니다.

기업 인수 방어

주주는 기존의 또는 제안된 기업 인수 방어 수단의 구조를 신중히 평가하고 그것이 일반적인 시장 환경 및 공개 매수 상황에서 주가에 어떠한 영향을 미칠 수 있는지 분석해야 합니다.

기업 인수 방어와 관련된 공시를 검토해야 하는 이유

그러한 공시는 기업 인수 방어가 적대적 인수 시도에 대한 대응책으로 활용될 수 있는 상황에 대한 정보를 주주들에게 제공할 것입니다. 기업 인수 방어의 예로는 골든패러슈트golden parachutes, 상호 지분 보유cross-shareholdings, 의결권 최대 한도, 포이즌필poison pills, 그린메일greenmail 등이 있습니다.[18]

투자자에게 시사하는 점

인수 주체로 하여금 경영진 및 이사회와 직접 접촉하도록 강제함으로써 기업 인수가 기업 인수 방어 주주에게 이익이 되는 상황임에도 불구하고 기업 인수 방어로 인해 인수 주체의 성공 가능성이 감소될 수 있습니다. 또한 기업 인수 방어로 인해 초래된 조건과 장벽으로 인해 투자자는 정상적 매매 과정에서 해당 회사의 주식 가치를 할인하게 될 수도 있습니다.

---

18) 그린메일은 적대적 인수 대상 기업이, 적대적 인수 주체에게 그러한 시도를 일정 기간 동안 중단하기로 합의해 주는 것에 대한 대가로 지급하는 프리미엄입니다.

고려할 사항

기업 인수 방어 수단을 검토할 때, 투자자는 다음과 같이 해야 합니다.

■ 해당 회사가 그러한 조치의 실행 전에 주주의 승인을 반드시 받아야 하는지 알아봅니다. 기업 인수 방어 수단의 구조는 각 회사마다 다를 가능성이 높습니다. 일부 경우에 투자자는 이사회가 특정 기업 인수 방어 수단을 일정 기간 내 주주의 승인하에 실행할 수 있다는 점을 파악할 수도 있습니다. 다른 기업은 주주의 승인을 전혀 요하지 않을 수도 있습니다.

■ 회사가 지난 2년간 공식적인 인수 제안을 받았는지, 기업 인수 방어 수단이 활용되었는지 알아봅니다.

■ 그 실행 절차의 모든 세부사항과 주주가 그 메커니즘의 철회, 수정 또는 면제에 대해 투표할 수 있는지 알아봅니다.

■ 이사회 및 경영진이 적대적 인수 주체가 인수를 포기하도록 하기 위해 회사의 현금 및 현재 대출 한도를 사용할 가능성을 고려합니다. 일반적으로, 주주는 이사회가 그러한 행동을 하지 못하게 막기 위한 조치를 취해야 합니다. 회사가 그러한 지급에 동의한 경우, 주주는 그러한 그린메일 지급의 조건에 대한 공시를 검토해야 합니다.

■ 일부 경우 경영권 변동 이슈로 인해 정부 또는 지방정부의 관심을 유발할 가능성이 높은지 여부를 고려합니다(이 경우 정부는 매각 주체에게 인수 또는 합병안의 조건을 변경하도록 압박할 수도 있습니다). 그러한 경우, 투자자는 그러한 방어를 요하는 정부의 구체적 지시를 찾기 어려울 것입니다. 하지만 투자자는 해당 회사 또는

유사 상황의 기타 회사들에 대한 정부의 과거 조치를 검토함으로써, 상기 조치가 내려질 가능성을 예상해볼 수는 있습니다.

■ 경영권 변동 조항으로 인해 회사 임원에 대한 대규모 퇴직금 및 기타 지급이 유발되는지 여부를 고려합니다.

■ 회사가 기타 회사와 순환출자 관계에 있는지 여부를 파악합니다. 이는 원치 않는 제3자의 적대적 인수 시도에 대한 방어 수단이 될 수도 있습니다.

기업 인수 관련 조항에 대한 정보를 찾을 수 있는 곳

회사의 정관은 기존의 기업 인수 방어 수단에 대한 정보가 있을 가능성이 가장 높은 곳입니다. 신규로 제정된 기업 인수 방어 조항은 주주의 승인을 요할 수도, 요하지 않을 수도 있습니다. 회사는 기존 방어 수단의 수정에 대한 정보를 주주들에게 제공해야 할 수도 있습니다.

기타 주주의 행위

투자자는 다른 주주의 행동이 이사회 및 경영진의 행동에 대한 관심도와 동일한 관심도를 가지고 그들이 고려해야 하는 거버넌스 이슈임을 이해해야 합니다.

기타 주주의 행위에 대한 공시를 검토해야 하는 이유

기타 주주의 행위는 회사의 주가에 큰 영향을 미칠 수도 있습니다. 행동주의 투자자 또는 회사에 대한 지분이 상당한 투자자 그룹은 기업의 의사결정에 영향을 미치고, 때로는 이사회 구성원, 심지어 경영진도 교체할 영향력이 있습니다. 주주는 회사에 대한 지분이 상당한 주주의 행위에 주의를 기울임으로써, 그 행위가 장기적 주주 가치 창출과 부합하는지 판단해야 합니다.

투자자에게 시사하는 점

투자자는 보유 주식 가치가 희석되거나 회사의 이익 극대화에 도움이 되지 않는다고 생각하는 변화를 특정 주주가 밀어붙이는 것을 지켜볼 수도 있습니다. 또한 투자해 놓은 다른 회사에 적용할 수도 있는 전략에 대한 아이디어를 행동주의 투자자로부터 얻을 수도 있습니다.

고려할 사항

기타 주주의 활동을 검토할 때, 투자자는 행동주의 투자자의 행위 동기가 본질적으로 단기적인지, 아니면 장기적 가치 창출을 확대하려는 의도인지 파악해야 합니다.

기타 주주의 행동에 대한 정보를 찾을 수 있는 곳

투자자는 회사와 그 투자자의 의무 제출 자료에서 이러한 정보를 찾을 수 있는 경우가 많지만, 기타 주주의 활동에 대한 '실시간' 정보를 얻기 위해 금융 매체를 계속 예의주시해야 할 것입니다.

부록 A. 각국의 기업 거버넌스 코드

호주
기업 거버넌스 원칙 및 권고사항, www.asx.com.au/documents/asx-compliance/cgc-principles-and-recommendations-3rd-edn.pdf

오스트리아
오스트리아 기업 거버넌스 코드, 2015년 1월, www.corporate-governance.at/ uploads/u/corpgov/files/code/corporate-governance-code-012015.pdf

바레인
바레인왕국 기업 거버넌스 코드,
www.complinet.com/cbb/display/display.html?rbid=3274&record_id=1

방글라데시
방글라데시 기업 거버넌스 코드, www.ecgi.org/codes/documents/code.pdf

벨기에
기업 거버넌스 위원회, 벨기에 기업 거버넌스 코드, 2009,
https://www.corporategovernancecommittee.be/sites/default/files/generated/files/page/corporategovukcode2009.pdf

브라질
브라질 기업 거버넌스 코드,
www.ibri.com.br/Upload/Arquivos/novidades/3877_GT_Interagentes_Brazilian_Corporate_Governance_Code_Listed_Companies.pdf
Novo Mercado 상장 규정
http://www.bmfbovespa.com.br/lumis/portal/file/fileDownload.jsp?fileId=8AA8D0975ECA76A9015EE8D90B9F3D11

불가리아
불가리아 기업 거버넌스 코드, 2012,
www.ecgi.org/codes/documents/codeks_bulgaria_feb2012_en.pdf

중국
중국 증권규제위원회, 중국 상장회사 대상 기업 거버넌스 코드, 2001,
www.ecgi.org/codes/documents/code_en.pdf (영문 버전)

키프로스
키프로스 증권거래소, 기업 거버넌스 코드, 2014, www.ebrd.com/documents/ogc/cyprus-code.pdf

체코공화국
체코증권위원회, OECD 원칙에 입각한 기업 거버넌스 코드, 2004,
www.ecgi.org/codes/documents/czech_code_2004_en.pdf

덴마크
기업 거버넌스 관련 권고사항, 2018, https://corporategovernance.dk/gaeldende-anbefalinger-god-
selskabsledelse

이집트
이집트의 기업 거버넌스 규제 및 기준에 대한 가이드, 2011, www.ecgi.org/ codes/documents/code_
egypt_2011_englishtranslation2016.pdf

핀란드
핀란드 기업 거버넌스 코드, 2015, https://cgfinland.fi/wp-content/uploads/sites/6/2015/10/
hallinnointikoodi-2015eng.pdf

프랑스
상장기업의 기업 거버넌스 코드,
http://consultation.codeafepmedef.fr/z_docs/corporate_governance_code_EN.pdf

독일
독일 기업 거버넌스 코드, 2017,
www.dcgk.de//files/dcgk/usercontent/en/download/code/170214_Code.pdf

그리스
그리스 상장회사 기업 거버넌스 코드, 2013,
www.ecgi.org/codes/documents/hellenic_cg_code_oct2013_en.pdf

홍콩
홍콩 기업 거버넌스 코드 및 기업 거버넌스 보고서, http://en-rules. hkex.com.hk/net_file_store/new_
rulebooks/h/k/HKEX4476_3828_VER10.pdf

아이슬란드
기업 거버넌스 가이드라인,
http://vi.is/%C3%BAtg%C3%A1fa/sk%C3%BDrslur/Corporate_Governance_Guidelines_5th_edition.pdf

인도
인도 증권거래위원회, *상장 의무 및 공시 요건, 규제*, 2015,
www.sebi.gov.in/sebi_data/attachdocs/1441284401427.pdf

인도네시아
인도네시아 기업 거버넌스 매뉴얼,
www.ifc.org/wps/wcm/connect/64185f0042cc3ab0b145fd384c61d9f7/Indonesia_CG_Manual_Feb2014.
pdf?MOD=AJPERES

아일랜드
아일랜드 기업 거버넌스 부칙, www.ise.ie/Products-Services/Sponsors-and-Advisors/Irish-Corporate-
Governance-Annex.pdf

이탈리아
기업 거버넌스 코드, 2015, www.borsaitaliana.it/borsaitaliana/regolamenti/corporate governance/code2015.
en.pdf

자메이카
PSOJ 기업 거버넌스, 2016, https://psoj.org/wp-content/uploads/2016/12/ PSOJ-CG-Code-2016-
Final-11302016.pdf

일본
일본 기업 거버넌스 코드, www.fsa.go.jp/en/news/2018/follow-up/20180330-1/02.pdf

쿠웨이트
자본시장당국, 자본시장당국 규제 대상 회사에 대한 기업 거버넌스 규제 적용에 대한 CMA 위원회의
2013년 의결 No. (25), https://www.cma.gov.kw/en/web/cma/cma-board-releases/-/cmaboardreleases/
detail/320009

말레이시아
말레이시아 기업 거버넌스 코드, www.sc.com.my/wp-content/uploads/eng/html/cg/mccg2017.pdf

모리셔스
모리셔스 기업 거버넌스 코드, 2016, www.nccg.mu/sites/default/files/files/the-national-code-of-
corporate-governance-for-mauritius_2016.pdf

멕시코
멕시코 기업 거버넌스 코드, www.ecgi.org/codes/documents/mexico_code_en.pdf

네덜란드
네덜란드 기업 거버넌스 코드 개정판, 2016, www.mccg.nl/?page=3779

뉴질랜드
NZX 기업 거버넌스 코드, 2017, https://www.nzx.com/files/attachments/257864.pdf

나이지리아
나이지리아 재무보고위원회, 기업 거버넌스 코드, 2016,
www.ecgi.global/download/file/fid/14076

노르웨이
노르웨이 기업 거버넌스 실무 코드, www.oslobors.no/ob_eng/Oslo-Boers/Listing/Shares-equity-certificates-and-rights-to-shares/Oslo-Boers-and-Oslo-Axess/Corporate-governance-CG/The-Norwegian-Code-of-Practice-for-Corporate-Governance

오만
자본시장당국, 상장회사 기업 거버넌스 코드, 2016,
https://cma.gov.om/Home/CircularFileDownlad/5308

파키스탄
공공부문 회사(기업 거버넌스) 규정, 2013 (2017년 개정), www.secp. gov.pk/document/psc-rules-as-amended-upto-april-21-2017/?wpdmdl=27850

페루
Comisión Nacional Supervisora de Empresas y Valores, *Principos de Buen Gobierno para las Sociedades Peruanas* [페루 회사 모범 거버넌스 원칙], 2002, www.ecgi.org/codes/documents/code_jul2002_en.pdf (영문 버전)

필리핀
상장회사 기업 거버넌스 코드, 2016, www.sec.gov.ph/wp-content/uploads/2016/12/2016_memo_circular_no.19.pdf

폴란드
GPW 상장회사의 모범 규준, 2016,
www.ecgi.org/codes/documents/poland_best_practice_for_GPW_listed_companies_2016.pdf

카타르
카타르 금융시장당국, 메인 마켓 상장회사 및 법인에 대한 기업 거버넌스 코드, 2017,
https://www.qfma.org.qa/English/RulesRegulations/RulesDox/Governance_Code%20for%20Companies_and_Legal%20Entities_Listed_on_the_Main_Market.pdf

루마니아
부카레스트 증권거래소, 부카레스트 증권거래소 기업 거버넌스 코드, 2009, www. ecgi.org/codes/
documents/bucharest_se_code_jan2009_en.pdf

러시아
기업 거버넌스 코드, http://www.ecgi.org/codes/documents/final_code_english.pdf

사우디아라비아
사우디아라비아 왕국, 자본시장당국, *기업 거버넌스 규정*,
https://cma.org.sa/en/RulesRegulations/Regulations/Documents/CGRegulations_en.pdf
사우디아라비아통화청, 뱅킹 규칙 및 규정, *사우디아라비아에서 영업을 수행하는 은행의 기업 거버넌스
원칙*, http://www.sama.gov.sa/en-US/
Laws/BankingRules/Corporate%20Governance%20%2024-2-2014%20(%D8%A7%D9
%84%D9%86%D8%B3%D8%AE%D8%A9%20%D8%A7%D9%84%D9%86%D9%87
%D8%A7%D8%A6%D9%8A%D8%A9).pdf

시에라리온
시에라리온 기업 거버넌스 코드 초안,
www.cac.gov.sl/IFC%20CAC%20code%20Nov%202017.pdf

남아프리카공화국
King IV, *남아프리카공화국 기업 거버넌스 보고서*, 2016, https://c.ymcdn.com/ sites/www.iodsa.co.za/
resource/resmgr/king_iv/King_IV_Report/IoDSA_King_IV_ Report_-_WebVe.pdf

스페인
상장회사 모범 거버넌스 코드,
www.cnmv.es/DocPortal/Publicaciones/CodigoGov/Good_Governanceen.pdf

슬로베니아
슬로베니아 상장회사 기업 거버넌스 코드, 2016(2018년 업데이트),
www.ecgi.global/code/slovenian-corporate-governance-code-listed-companies-2016-updated-2018

스리랑카
스리랑카 공인회계사협회(ICASL); 스리랑카 증권거래위원회(SEC), *상장회사 기업 거버넌스 규정*, 2006년
7월, www.ecgi.org/codes/documents/sri_lanka_draftcode_july2006.pdf

스웨덴
스웨덴 기업 거버넌스 코드, www.corporategovernanceboard.se/the-code/current-code

스위스
스위스 기업 거버넌스 모범 규준 코드,
www.ecgi.org/codes/documents/swiss_code_26sep2014_en.pdf

대만
금융감독위원회, *기업 거버넌스 로드맵,* 2018-2020,
http://cgc.twse.com.tw/img/Corporate%20Governance%20Roadmap(2018_2020).pdf

태국
상장회사 기업 거버넌스 코드, 2017,
http://www.cgthailand.org/microsite/documents/cgcode.pdf#page=67

터키
터키 기업 거버넌스 코드, www.rna-cs.com/turkey-corporate-governance-code/

우크라이나
우크라이나 기업 거버넌스 매뉴얼,
http://documents.worldbank.org/curated/en/175611468313520375/Ukraine-Corporate-governance-manual

아랍에미리트
상장 주식회사의 기관 규율 및 거버넌스의 기준에 대한 Chairman of Authority의 2016년 이사회 의결 No.(7 R.M), www. sca.gov.ae/mservices/api/regulations/GetRegulationByIdAsPdf/114

영국
기업 거버넌스 코드, 2018(시가 총액 기준 중소기업 맞춤형), www.theqca.com/shop/guides/
금융보고위원회, *영국 기업 거버넌스 코드,* https://www.frc.org.uk/getattachment/ca7e94c4-b9a9-49e2-a824-ad76a322873c/UK-Corporate-Governance-Code-April-2016.pdf

미국
투자자 스튜어드십 그룹(ISG), *미국 상장회사 기업 거버넌스 원칙,* 2017,

부록 B. 스튜어드십 코드

호주
FSC Standard 23: 내부 거버넌스 및 자산 스튜어드십 원칙, 2017, www.fsc.
org.au/_entity/annotation/82bbc3f8-316c-e711-8103-c4346bc5977c

브라질
AMEC 스튜어드십 코드, https://en.amecbrasil.org.br/stewardship/amec-stewardship-code/

캐나다
캐나다 모범 거버넌스 스튜어드십 원칙 연합, 2017, https://admin. yourwebdepartment.com/site/ccgg/
assets/pdf/stewardship_principles_public.pdf

덴마크
스튜어드십 코드, 기업 거버넌스 위원회, 2016, https://corporate governance.dk/sites/default/files/180116_
stewardship_code.pdf

유럽연합
EFAMA 스튜어드십 코드, 2017-2018,
www.icgn.org/sites/default/files/EFAMA%20Stewardship%20Code-2018.pdf

홍콩
책임 있는 오너십의 원칙,
https://www.sfc.hk/web/EN/files/ER/PDF/Principles%20of%20Responsible%20Ownership_Eng.pdf

국제
ICGN 글로벌 스튜어드십 원칙, http://icgn.flpbks.com/icgn-global-stewardship-principles/#p=1

이탈리아
이탈리아 스튜어드십 원칙, 2016, www.icgn.org/sites/default/files/Italian%20code.pdf

일본
책임감 있는 기관투자가를 위한 원칙, 일본 스튜어드십 코드, 2017,
www.fsa.go.jp/en/refer/councils/stewardship/20170529/01.pdf

케냐
기관투자가를 위한 스튜어드십 코드, 2017, www.manifest.co.uk/wp
content/uploads/2017/06/Stewardship-Code-for-Institutional-Investors-Gazetted.pdf

말레이시아
기관투자가를 위한 스튜어드십 코드, www.sc.com.my/wp-content/uploads/eng/html/cg/mcii_140627.pdf

네덜란드
네덜란드 스튜어드십 코드, 2017, www.eumedion.nl/en/public/knowledgenetwork/best-practices/2017-09-consultation-document-stewardship-code.pdf

싱가포르
책임감 있는 투자자를 위한 싱가포르 스튜어드십 원칙, 2016, www.stewardshipasia.com.sg/sites/default/files/Section%202%20-%20SSP%20(Full%20Document).pdf

남아프리카공화국
남아프리카 이사협회, 남아프리카공화국 사회책임투자 법령, 2011,
https://cdn.ymaws.com/www.iodsa.co.za/resource/resmgr/crisa/crisa_19_july_2011.pdf

대한민국
대한민국 스튜어드십 코드, https://oasiscm.com/about-us/shareholder-stewardship/korea-stewardship-code/

스위스
스위스 스튜어드십 코드, www.icgn.org/sites/default/files/LD_130121_E.pdf

대만
기관투자가 스튜어드십 원칙,
http://cgc.twse.com.tw/static/20160630/0000000054a7dce70155a09e021f001c_Stewardship%20Principles%20for%20Institutional%20Investors-20160630.pdf

태국
태국 기관투자가 투자 거버넌스 코드, 2017, www.cgthailand.org/microsite/ii_en.html

영국
재무보고위원회, *영국 스튜어드십 코드,* 2012,
www.icgn.org/sites/default/files/UK_Code.pdf

미국
투자자 스튜어드십 그룹(ISG), *기관투자가 스튜어드십 프레임워크,*
https://isgframework.org/stewardship-principles/

부록 C. 기업 거버넌스 연구 및 리서치

'2016 Board Practices Report: A transparent look at the work or the board,' Deloitte, 2016, www2.deloitte. com/us/en/pages/center-for-board-effectiveness/articles/us-board-practices-report-transparent-look.html

'2016 Corporate Governance Best Practices Report,' Korn Ferry, 2016, www.haygroup. com/downloads/ca/2016%20Corporate%20Governance%20Best%20Practices%20 Report.pdf

'The Big Thumb on the Scale: An Overview of the Proxy Advisory Industry,' James Copland, David F. Larcker, and Brian Tayan, 2018, https://papers.ssrn.com/sol3/papers. cfm?abstract_id=3188174

'Canadian Corporate Governance: A Divergent Path from Other Anglo-American Models?' Fenner L. Stewart, 2018, https://papers.ssrn.com/sol3/papers.cfm?abstract_id=3173757

'Corporate Governance 2.0,' Guhan Subramanian, 2015, https://hbr.org/2015/03/ corporate-governance-2-0

'Corporate Governance and Control,' Marco Becht, Patrick Bolton, and Ailsa Roell, 2002, https://papers. ssrn.com/sol3/papers.cfm?abstract_id=343461

'Corporate Governance and Earnings Management,' Sonda Marrakchi Chtourou, Jean Bedard, and Lucie Chtourou, 2001, https://papers.ssrn.com/sol3/papers.cfm?abstract_id=275053

'Corporate Governance and Equity Prices,' Paul A. Gompers, Joy L. Ishii, Andrew Metrick, 2001, https:// papers.ssrn.com/sol3/papers.cfm?abstract_id=278920

'Corporate Governance and Firm Performance,' Lawrence D. Brown and Marcus L. Caylor, 2004, https:// papers.ssrn.com/sol3/papers.cfm?abstract_id=586423

'Corporate Governance, Earnings Quality and Idiosyncratic Crash Risk During the 2007-2008 Financial Crisis,' Paulo Silva, 2018, https://papers.ssrn.com/sol3/papers. cfm?abstract_id=3180750

'Corporate Governance—Indian Perspective,' Ruchi Kulkani and Balasundram Maniam, 2015, www.ijtef. org/papers/399-A10004.pdf

'Corporate Governance of Company Groups in Latin America,' OECD, 2014, www. oecd-ilibrary.org/governance/corporate-governance-of-company-groups-in-latin-america_9789264241725-en

'Does Corporate Governance Predict Firms' Market Values? Evidence from Korea,' Bernard S. Black, Hasung Jang, and Woochan Kim, 2013, https://papers.ssrn.com/sol3/ papers.cfm?abstract_id=311275

'The History of Corporate Governance,' Brian R. Cheffins, 2013, https://papers.ssrn. com/sol3/papers.

cfm?abstract_id=1975404

'Horizontal Shareholding and Antitrust Policy,' Fiona M. Scott Morton and Herbert Hovenkamp, 2018, https://papers.ssrn.com/sol3/papers.cfm?abstract_id=3046203

'The Impact of Corporate Governance Index and Earnings Management on Firms' Performance: A Comparative Study on the Islamic versus Conventional Financial Institutions in Pakistan,' Saira Ashfaq, Ghulam Jujtaba Kayani, and Muhammad Ali Saeed, 2018, https://papers.ssrn.com/sol3/papers.cfm?abstract_id=3181038

'The Impact of Corporate Governance on Operational Performance of Listed Companies In the Stock Exchange of Thailand, Piyanat Thunputtadom, Tharinee Pongsupatt, Sillapaporn Srijunpetch, Titaporn Sincharoonsak, Montree Chuaychoo, and Suree Bosakoranut, 2018, https://papers.ssrn.com/sol3/papers.cfm?abstract_id=3185385

'The Importance of Inferior Voting Rights in Dual-Class Firms,' Dov Solomon, 2018, https://papers.ssrn.com/sol3/papers.cfm?abstract_id=3179375

'Incorporating Environmental, Social and Governance (ESG) Factors into Fixed Income Investment,' Georg Inderst and Fiona Stewart, World Bank Group Publication, 2018, https://papers.ssrn.com/sol3/papers.cfm?abstract_id=3175830

'Industrial Foundations as Long-Term Owners,' Steen Thomsen, Thomas Poulsen, Christa Borsting, and Johan Kuhn, 2018, https://papers.ssrn.com/sol3/papers.cfm?abstract_id=3188568

'The Influence of Board Chairs on Director Engagement: A Case-Based Exploration of Boardroom Decision-Making,' Pieter-Jan Bezemer, Gavin J. Nicholson, and Amedeo Pugliese, 2018, https://papers.ssrn.com/sol3/papers.cfm?abstract_id=3188566

'International Corporate Governance,' Diane K. Denis and John J. McConnell, 2003, https://papers.ssrn.com/sol3/papers.cfm?abstract_id=320121

'Investor Protection and Corporate Governance,' Rafael La Porta, Florencio Lopez de Silanes, Andrei Shleifer, and Robert W. Vishny, 2000, https://papers.ssrn.com/sol3/ papers.cfm?abstract_id=183908

'Islamic Corporate Governance: Risk-Sharing and Islamic Preferred Shares,' Mohammad Al-Suhaibani and Nader Naifar, 2014, https://papers.ssrn.com/sol3/papers. cfm?abstract_id=3189232

'The Long-Term Effects of Hedge Fund Activism,' Lucian A. Bebchuk, Alon Brav, and Wei Jiang, 2015, https://papers.ssrn.com/sol3/papers.cfm?abstract_id=2291577

'Multi-Class Stock and the Modern Corporation: A View from the Left (Coast) on Governance Misalignment and the Public Company,' David J. Berger, 2018, https://www. sec.gov/spotlight/investor-advisory-committee-2012/berger-remarks-iac-030917.pdf

'National Corporate Governance, GMI Ratings and Earnings Management: A Country Level Study,' Moataz El-Helaly, Nermeen F. Shehata, and Reem El-Sherif, 2018, https:// papers.ssrn.com/sol3/papers.cfm?abstract_id=3178165

'OECD Corporate Governance Factbook,' OECD, 2017, www.oecd.org/daf/ca/ Corporate-Governance-Factbook.pdf

'Report on the Observance of Standards and Codes, Corporate Governance Country Assessment, Russian

Federation,' World Bank, 2013, http://documents.worldbank.org/ curated/en/486811468293408241/pdf/8232 20REVISED00RMAT0final019Mar2014.pdf

'Reputation Capital of Directorships and Audit Quality,' Antti Fredriksson, Anila Kiran, and Lasse Niemi, 2018, https://papers.ssrn.com/sol3/papers.cfm?abstract_id=3178727

'The Role of the Board in Turbulent Times: Avoiding Shareholder Activism,' Damien Park and Matteo Tonello, 2009, http://papers.ssrn.com/sol3/papers.cfm?abstract_id=1390340

'Russell Reynolds Global and Regional Trends in Corporate Governance 2018,' Jack O'Kelley III, Anthony Goodman, and Melissa Martin, 2018, www.russellreynolds.com/ insights/thought-leadership/global-and-regional-trends-in-corporate-governance-for-2018

'The Second Wave of Hedge Fund Activism,' C. N. V. Krishnan, Frank Partnoy, and Randall S. Thomas, 2016, https://papers.ssrn.com/sol3/papers.cfm?abstract_id=2589992

'Toward Relative Corporate Governance Regimes: Rethinking Concentrated Ownership Structures around the World,' Leon Yehuda Anidjar, 2018, https://papers.ssrn.com/sol3/ papers.cfm?abstract_id=3153995

'T. Rowe Price's Investment Philosophy on Shareholder Activism,' Donna F. Anderson, 2018, https:// corpgov.law.harvard.edu/2018/06/18/t-rowe-prices-investment-philosophy-on-shareholder-activism/

'The Untenable Case for Perpetual Dual-Class Stock,' Lucian A. Bebchuk and Kobi Kastiel, 2017, https:// papers.ssrn.com/sol3/papers.cfm?abstract_id=2954630

'The New Paradigm: A Roadmap for an Implicit Corporate Governance Partnership between Corporations and Investors to Achieve Sustainable Long-Term Investment Growth.' Martin Lipton, 2018, http://www.wlrk.com/docs/thenewparadigm1.pdf

'Using the OECD Principles of Corporate Governance—A Boardroom Perspective,' OECD, 2008, www.oecd.org/dataoecd/20/60/40823806.pdf

'What Matters in Corporate Governance?' Lucian A. Bebchuck, Alma Cohen, and Allen Ferrell, 2004, https://papers.ssrn.com/sol3/papers.cfm?abstract_id=593423

CFA Institute

기업 거버넌스 매뉴얼 제작진

Kurt Schacht, CFA, 매니징 디렉터
James C. Allen, CFA, 자본시장정책 책임자
Matthew Orsagh, CFA, CIPM, 자본시장정책 디렉터

기업 거버넌스 전담팀 자원봉사자

Alec Aaltonen, 부사장, Hawkamah Institute for Corporate Governance
Philip Bradford, CFA, 최고투자책임자, Sasfin Asset Managers (Pty) Ltd.
Alan Brett, 리서치 담당 이그제큐티브 디렉터, MSCI ESG Research
Bruce Wonil Lee, CFA, 최고경영자/최고정보책임자, Zebra Investment Management
Luiz Fernando Dalla Martha, 리서치 및 콘텐츠 매니저, Instituto Brasileiro de Governança Corporativa (브라질 기업 거버넌스 기관)
Michael McCauley, 투자 프로그램 및 거버넌스 담당 시니어 오피서, State Board of Administration (SBA) of Florida
Navneet Munot, CFA, 최고투자책임자, SBI Funds Management Private Limited
Jose Luis Rivas, 부교수, Instituto Tecnológico Autónomo de México (ITAM)
Mohammad Shoaib, CFA, 최고경영자, Al Meezan Investment Management Limited
Susan Spinner, CFA, 매니징 디렉터, CFA Society Germany
Edward J. Waitzer, 파트너, 기업 거버넌스 그룹 책임자, Stikeman Elliott LLP
Padma Venkat, CFA, 최고운영책임자, Asian Corporate Governance Association

상장회사의
기업 거버넌스
투자자 매뉴얼

초판 1쇄 발행   2020. 1. 1.
　　 2쇄 발행   2024. 8. 30.

지은이   CFA Institute
펴낸이   김병호
펴낸곳   주식회사 바른북스

책임편집   주식회사 바른북스 편집부

등록   2019년 4월 3일 제2019-000040호
주소   서울시 성동구 연무장5길 9-16, 301호 (성수동2가, 블루스톤타워)
대표전화   070-7857-9719 | **경영지원**   02-3409-9719 | **팩스**   070-7610-9820

•바른북스는 여러분의 다양한 아이디어와 원고 투고를 설레는 마음으로 기다리고 있습니다.

이메일   barunbooks21@naver.com | **원고투고**   barunbooks21@naver.com
홈페이지   www.barunbooks.com | **공식 블로그**   blog.naver.com/barunbooks7
공식 포스트   post.naver.com/barunbooks7 | **페이스북**   facebook.com/barunbooks7

ⓒ CFA Institute, 2024
ISBN 979-11-90162-80-7 93320